研究主任
1年目の
教科書

小林　康宏

大事な
ことが
まるっと
わかる

明治図書

# はじめに

　研究授業，日常の授業改善，校内研修など，自校の学力向上に関する仕事全般を一手に請け負うのが「研究主任」です。

　中でも，研究授業は，学校にとっても研究主任にとっても大変大きな仕事ですが，実際に研究授業をつくっていく際に中核を担うのが，研究授業を行う教科等の部会の主任（部会主任）です。

　したがって，研究主任は，この部会主任の仕事を熟知したうえで，全校を動かしていく必要があります。

　そこで本書では，「第1部　研究授業をする部会の主任になったら」「第2部　全校の研究主任になったら」という二部構成を取りました。

　第1部「研究授業をする部会の主任になったら」では，部会の先生方が気持ちよく研究に参加し，実践を重ね，力を合わせて指導案を練り，そして授業者を中心にして研究授業を突破していくためのポイントについてまとめました。

　「研究授業をする部会の主任になったら」というタイトルですが，上述の通り，研究主任も熟知しておくべきことばかりです。

　研究授業というと，なかなか授業者が決まらないという定番の悩みがありますが，本書では，そういった悩みに対する対処法などについても示しました。

　また，はじめて部会主任になったら，これまで授業者として研究授業の指導案は書いたことがあっても，研究計画は書いたことがないという先生も多いと思います。そこで本書では，先生方みんなが無理なくがんばれる範囲で研究を進め，それをまとめていく道筋も示しました。

　さらに，研究授業直前や研究授業が終わった後のまとめについても解説しています。

部会主任として，部会の立ち上げから解散まで，本書を参考にして，充実した研究を進めていただきたいと思います。

　第2部は「全校の研究主任になったら」です。

　部会の主任から全校の研究主任に立場が変わると，守備範囲は一気に広がります。一般的に，研究主任の主な仕事は，研究授業に関する統括，学力向上に関する職員研修，研究通信の発行の3つです。

　学年主任や教務主任といった仕事は，自分の役割を果たさないと，学年や学校が確実に回らなくなるので，がんばらざるを得ません。

　それに対して，研究主任の場合，研究通信を発行しないからといって，だれかに迷惑をかけるわけではありません。一方で，学習課題の設定の仕方について悩んでいた先生が，研究主任が研究通信に書いた「導入場面で子どもが追究に主体的になる学習課題の設定の仕方」を読んだら，あくる日からの授業が随分よくなった，ということがあり得ます。

　つまり研究主任の仕事は，一生懸命取り組めば取り組むほど，自分の勉強にもなるし，先生方にプラスの材料を与えられる，影響力の大きい仕事なのです。

　そこで本書では，研究主任の行う主な仕事についての具体的なポイントをまとめました。研究主任1年目でも，自信と展望をもって自校の学力向上に取り組めるよう本書を活用していただきたいと思います。


　2020年2月

小林　康宏

## 第１部
# 研究授業をする部会の主任になったら

## 第１章　部会の先生全員に活躍してもらうために

## 第２章　授業者に気持ちよく授業をしてもらうために

## 第３章　研究をみんなの力でつくり上げるために

# 第４章　最高の研究授業にするために

## 第２部
## 全校の研究主任になったら

# 第１章　全校の先生と授業研究をつなげるために

## 第2章 研究通信で全校の授業力をアップするために

## 第3章 参加しがいのある研修会,部会にするために

## 第4章 学びの価値をもう一段高めるために

Part
1

第1部
研究授業をする部会の主任になったら

## 第1章　部会の先生全員に活躍してもらうために

Chapter
1

# 心をつかむ
# 部会の会場づくり

 **会場づくりには2つの意味がある**

　研究部会の会場は，研究授業が近づいてくる前は部会主任の教室，研究授業の1か月前になったら授業者の先生の教室を選びます。

　部会主任の教室を使用するのは，他の先生の教室を使うとその分負担がかかるからです。授業者の先生の教室を使用するのは，教室の雰囲気をみんなで感じるためです。

　その際，会場づくり，すなわち**机やいすを会議の形に並べるのは部会主任の仕事**になります。

　それには，2つの意味があります。

　**1つは感謝を示すため，2つは話し合いを充実させるため**です。

 **先生方への心配りを示す**

　部会には自分よりも年配の先生がいます。自分よりも忙しい先生もいます。一日を全力で駆け抜け，疲れ切っている若手の先生もいます。

　そういったすべての先生方が自分の教室に集まってくださいます。そのことに感謝の気持ちをもち，先生方の負担を少しでも取り除きたいという思いを形に表したいものです。

　それが，先生方が集まる前に行っておく会場づくりです。

　そしてその姿は，きっと先生方に伝わります。

　部会の会場となる教室に入ったときに，部会の先生方が使用する机・椅子が会議用にきちんと並べられていたら，先生方は「今度の部会主任は自分も

忙しいのに，私たちの手を煩わさないようにしてくれるんだ」「協力しなくっちゃね」という思いをもってくれるでしょう。

 ## 機能性の高い座席をつくる

　研究部会の人数が6人を超えると話し合いがぎこちなくなります。他の先生への遠慮の気持ちが出たり，他の先生に発言を任せたりする気持ちが出たりするからです。

　そこで，意図に応じて部会での座席配置を大きく2通り設定します。

　1つは，**全体で情報共有をするための配置**です。左下図のように，全員の机を1つに固めます。実践や指導案の発表の場面で使います。

　もう1つは，**話し合いの密度を高めるための配置**です。右下図のように，3人くらいずつで座席を合わせます。

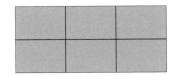

全体で情報共有をするための配置

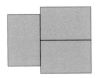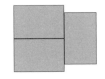

話し合いの密度を高めるための配置

　このような人数でミニグループをつくることによって，話し合いへの緊張感がほぐれます。また，一人ひとりが発言する必要感が生まれます。

　会議の最初の段階で，指導案の発表をして，その後，お互いが気づいたことを出し合い，検討をするというような場面で使います。

**CHECK!**

　部会の会場づくりは，先生方を大切にする主任の思いと，会議を充実させる戦略が込められた大切な仕事。くれぐれも主任が最後に教室に行き，他の先生方に会場をつくっていただくことだけは避けましょう。

# 最初の部会の重苦しい雰囲気を崩す３つの方針

 **部会のスタートが重苦しくなるのは当たり前**

　研究授業をつくっていくための第１回目の部会は，４月上旬に開かれます。

　新しく赴任した先生は当然緊張しています。また，以前からいる先生の中には，最初の職員会議で割り振られた校務分掌をどうこなそうと頭を抱えている中，さらに忙しくなるような話を聞くのは勘弁…と思う方もいます。そのため，会の冒頭はぎこちなく，重苦しい雰囲気となりがちです。

　当然，自己紹介をしてお互いの声を聞き，リラックスしていただくのですが，さらに，会議の中で重苦しい雰囲気を崩し，そして前向きな気持ちで部会に参加していくためには，以下３つの方針を示すことが必要です。

 **方針１－「できそうだ！」と思えることを行う**

　「新しい主任が張り切って難しいことを言い出したら嫌だなぁ」とか，「面倒なことを押しつけられたら嫌だなぁ」と思っている先生もいます。そこで，「『これならできそうだ』と思えることを行う」という方針を示します。

　**「できそうだ！」と判断する基準は１つ，「負担が少ないこと」**です。

　部会で研究を進めていく際，先生方に実践等をまとめてもらう機会があると思います。そのときには，できるだけ端的に，例えば，「Ａ５判片面以内の分量でまとめることを先生方にお願いする」といったことや，「少しの回数で，少しの分量を，締め切りまでの期間をたっぷりとってお願いする」といったことを明言します。さらに，**大変なときは肩代わりすることも申し添えます。**こうすることで，先生方の頬のこわばりはだいぶ取れます。

## 方針2—「使えそうだ！」と思えるゴールを目指す

「自分は国語が専門なのに，社会科の部会に入っても意味がない」というように，部会で取り組んでいくことを自分には役に立たないこととして受け止める先生は多くいます。それでは，いくら負担の少ないことを提案しても，わくわくするようなやる気にはつながりません。

そこで，「この部会では，授業で実際に使えることを手に入れていきたい」ということを述べます。部会で研究する教科の授業を行う場合もそうですし，部会で研究している教科以外でも使えることの獲得も視野に入れていくことを話してもよいと思います。この時点で具体は決まっていなくても構いません。こう宣言することで，先生方のやる気は必ず高まりますし，自分自身も「使える」研究を常に意識するようになります。

 ## 方針3—「みんな」の力で前に進む

授業者がまだ決まっていない段階の部会には，微妙な空気が漂います。「授業者をやってみようかな」と思っている先生もいれば，「重たい分掌に当たり，絶対授業者はムリ！」と思っている先生もいます。しかし，複数で活動するうえで肝心なのは，**できる範囲で力を合わせること**です。「この部会は授業者を孤立させないこと」「実践を集めて研究をしていくこと」「そのためにみんなが状況に応じて，できることを重ねたいこと」を伝えます。そうすることで，授業者をやろうかなと思っている先生は背中を押され，忙しい先生も自分もできる範囲で取り組もうという意識になります。

> **CHECK!**
> 面倒を取り除くだけでなく，やる気と協力につながる方針を示すことで，先生方が「この部会を大切にして，1年間がんばろう」という気持ちになってくれます。

# 授業者をスムーズに決めるための 2つのポイント

 **ポイント1―「情報収集」を幅広く**

研究授業の授業者には大きなプレッシャーがかかり，他の先生よりも負担が多くなります。従って，「できれば避けたい」と思う先生が多いものです。一方，「授業者をやって，自分の授業や学級を先生方に見てもらいたい」「意見をいただいて自分の授業づくりや学級経営をよりよくしたい」と思う先生もいます。また，「今年は〇〇先生に授業者をやってほしい」という管理職等の思いもあります。

そこで，部会主任としては，まずだれを授業者に推すかという視点で先生方から情報を集める必要があります。

校長，教頭，全校研究主任には，だれにどんな理由で授業者をやってほしいと考えているのかを，4月の最初の段階で聞きます。

また，その学校に長く勤めている先生からは，これまでだれが研究授業をやったのかを聞くことができます。

さらに，部会の先生方からも情報を集めます。その際，放課後の教室などリラックスした時間と場所をねらって，それぞれの先生と個別に内緒で話をします。このときに聞くのは2つです。

1つは，**授業者をやってもよいか**です。**「やりたいか」ではなく「やってもよいか」を尋ねます。**

もう1つは，**だれに授業者になってほしいかとその理由**です。それを聞くことで，**部会に集まっている先生方の人間関係を少しつかむことができます。**

聞いたことはだれにも言わないことを約束し，先生方の本音を聞きます。

##  ポイント2—「根回し」を抜かりなく

　情報を集めることで，だれに授業者をやってほしいのか，だれが授業者をやりたいと思っているのかがつかめます。

　そうして，校長，教頭，全校研究主任と話を詰め，候補を絞り込みます。

　授業者候補になった先生には，部会主任がお願いに行きます。

　なぜその先生に授業を行ってほしいのかを真剣に説明します。

　なお，その後，**必要に応じて校長先生からも声をかけてもらうと，一層張り合いを感じてもらいやすくなります。**

　特に，授業者をやりたくなかったのに，白羽の矢が立った場合には，その先生の思いを吐き出し，覚悟してもらう意味でも，校長，教頭，全校研究主任と話す場を設ける必要があります。

　部会のその他の先生方にも個別に話をします。

　もともと授業者になることを希望していない先生は話が早いのですが，授業者になることを希望していたのに候補になっていない先生に対しては，なぜ別の先生が今回授業者なのかを誠意をもって説明する必要があります。加えて，**次の機会には優先的に授業者にしたいということも申し添えます。**

　授業者を決める部会では，授業者候補の先生が立候補できればしていただきます。が，それは遠慮したいということであれば，部会主任が指名したり，あるいは，推薦してくださる方を事前に依頼したりして，推薦してもらいます。そのうえで，その先生に授業者をやっていただく意味を，その場で部会の先生方と共有します。そして授業者になる先生に改めて依頼します。

**CHECK!**

　情報収集と根回しはかなり神経を使います。でもここを丁寧にやらないと，だれも授業者を引き受けず，いつまでも授業者が決まらない，あるいは部会主任が授業者を兼ねる，といった事態に陥ってしまいます。

# 研究テーマを決める前に キャッチしたい2つの実態

 **現状を知ることで，実態に沿った研究が始まる**

授業者が決まったら，研究テーマを固めていきます。

ですが，その前にやっておくことがあります。それは，**子どもの実態と部会の先生方の"困り"の実態の共通理解**です。

この2つの姿を共通理解しておくことで，研究が地に足の着いたものになります。

また，先生たちのやる気も高めることができます。

 **実態1─子どもの姿って，どんな感じ？**

まず，自分たちが捉えている子どもの実態を出し合います。

このとき中心になる観点は，自分たちが所属する部会の教科に沿ったものにするということです。例えば，国語部会であれば，国語の授業に関する実態について，お互いが捉えている姿を出し合います。

このとき，その教科に触れていれば，授業の時間以外での姿を出しても，話は発展していきます。例えば「朝の会で進行をさせても，スムーズに進められないんだよね」などといった話が出ます。

まったく関係のない話に進んでいってしまったら話を元に戻す必要がありますが，**ある程度は発展した話も許容しながら話し合いを進めます。**

理由は，できるだけリラックスした状態で子どもたちの多面的な姿を知り合うためです。ざっくばらんな話し合いの後，子どもたちのよい姿，そして課題とする姿をまとめます。

## 実態2─先生の困っていることって，何?

　子どもの実態がわかったら，それを受けて研究の方向性に話を進めたいところです。

　けれども，子どもの実態把握の後，「では，どんな方向で研究を進めていきましょうか?」と先生方に尋ねても，意見はあまり出てきません。

　そこで，**「先生方，授業を進めていくうえで困ることはありませんか?」**といったように，先生が困っていることを尋ねると意見が出やすくなります。

　些細なことでもよいので困っていることを出し合います。これも子どもの実態を出し合うときと同じように，ある程度の広がりをもちながら，ざっくばらんに意見交換していきます。

　そのうえで，「子どもたちの課題を解消し，自分たちの困っていることを解決できるような研究テーマにしましょう」という投げかけにつなげます。

### CHECK!

　現実の生の姿を語り合うことで，悩みの共感や求めるものに対する共通意識が生まれます。和やかな雰囲気で意見が言えるよう，まず部会主任の失敗談から始めてもよいでしょう。

# 研究テーマを決める
# ３つのステップ

 **テーマの投げかけは主任から**

　子どもの実態と先生たちの困っていることがはっきりしてきたら，研究テーマの立案となります。

　「研究テーマ，どうしますか？」と先生方に尋ねても，なかなか意見は出てこないでしょう。いったんは投げかけたうえで，**部会主任がたたき台の形で自分が考えたテーマを示すことが望ましい展開**です。

　こうすることには，２つのメリットがあります。

　１つは，会議の時間短縮です。会議が早く終わることほど幸せなことはありません。

　もう１つは，主任の授業づくりに対する力を感じてもらえることです。「研究の方向性を短い言葉でスパッとまとめられて，今度の部会主任さん，すごい！」と思ってもらえたら，その後の部会運営はとてもやりやすくなります。けれども，そこで出すテーマが穴だらけだと，「大丈夫かな，今年の研究…」と先生方に不安を抱かせます。

　そこで，次のようなステップで研究テーマの原案をつくっていきます。

 **ステップ１—今日的課題は何かを知る**

　部会で取り上げる教科にかかわって，現在どのようなことが課題になっているのかをキャッチします。

　自分がその教科について勉強してきていれば難なく見つかると思いますが，そうでなければ，**各教科の学習指導要領解説編の「改訂の趣旨及び要点」を**

読むと，参考になる情報を得ることができます。

 ステップ２―全校研究テーマと関連づける

　各部会の研究の方向性は，学校目標と全校研究テーマの方向性と軌を一にしている必要があります。２つのことが条件になってくるので難しいと思ってしまいますが，実際にはそうではありません。

　全校研究テーマは，学校教育目標を前提にしているので，踏まえるべきは全校研究テーマとなります。考え方としては，**全校研究テーマでうたわれている言葉を自分の教科に寄せて具体化するイメージ**です。

　例えば，全校研究テーマが「思いや考えをのびのびと表現できる子どもの育成」であり，国語科の部会で，子どもに文章表現力がなく，指導に困っているということであれば，「思いや考えを主体的に書くことができる子どもの育成」といった形になります。

 ステップ３―サブテーマで研究を焦点化する

　最後に，**サブテーマで，どんなことに対してどのようなアプローチをかけていくのかを示します。**例えば「導入場面で効果的なモデルを示すことを通して」といったことです。

　研究テーマを具体的にすることでどんな子を育てたいのか，サブテーマを具体的にすることで，どんな場面でどのような指導をするのかが，部会の先生方にとってはっきりします。

 CHECK!

　サブテーマの段階では，できる限り具体的なことを取り上げるのがポイントです。入り口を狭くすることで，焦点化した研究を展開していくことができます。

# 安心感が生まれる
# スケジューリング

 ## スケジュールが見えることで生まれる安心感

　研究授業の直前になり，臨時の部会を開いたり，夜遅くまで会議をしたりすることはよくあります。そのようにバタバタしないために研究をスタートさせる前に研究のまとめまでのスケジュールを示します。

　先生方一人ひとりには様々な事情があります。スケジュールが見えることで「この部会では一人ひとりに無理を強いることはなさそうだ」という安心感をもってもらうことができます。

 ## スケジュールが見えることで高まる研究の質

　「〇月には一人ひとりの実践を発表し合う」といったことがわかっていると，そこに合わせて先生方一人ひとりが自分のペースで授業展開を図っていくことができます。少しずつ実践を重ねていく先生もいますし，実践を発表し合う日が近づくまで構想を練り，一気に展開していく先生もいます。

　無理をせず，計画的に研究を進めることで，確実に質が高まります。

 ## 毎回集まる必要はなし！

　実践をまとめたり，指導案をつくったりするには時間がかかります。また，運動会等の学校行事の前はお互いヘトヘトになります。

　研究部会に割り当てられている時間はすべて全員集合するという発想ではなく，個人研究の時間も入れると，余裕が生まれ，研究の質も高まります。

　次ページで実際のスケジュール表を紹介します。

国語科重点研究部会資料

研究テーマ

文学的文章の精査・解釈において「言葉による見方・考え方」を育てる国語授業づくり

～「見方・考え方」の共有の仕方と対話的活動の活用を手掛かりに～

| 月日 | 内容 | 備考 |
|---|---|---|
| 4/2 | 授業者を決める。授業の時期を決める。 | |
| 13 | 「言葉による見方・考え方」の基礎理解(国語科の授業の特性に沿って) | 主事研対応 |
| 27 | 「言葉による見方・考え方」の基礎理解(29版学習指導要領・発達段階に沿って) | 主事研対応 |
| 5/25 | 「言葉による見方・考え方」の基礎理解(文学的文章の特性に沿って) | 主事研対応 |
| 6/1 | 「対話的活動」の種類の基礎理解、及び、研究の視点の共有化 | |
| 8 | 個人研究(研究の視点に基づいた実践プラン作成) | |
| 15 | 個人研究(研究の視点に基づいた実践プラン作成) | 6/21 は音楽会 |
| 29 | 研究の視点に基づいた実践プランを発表し合う。 | 5 年キャンプ |
| 7/6 | 個人研究(研究の視点に基づいた実践) | |
| 13 | 個人研究(研究の視点に基づいた実践) | |
| 8/24 | 実践の結果を発表し合い、成果と課題を共有し合う。 | |
| 31 | 授業者の構想の発表。 | |
| 9/7 | 個人追究(授業者の構想に沿った授業プラン作成) | |
| 21 | 個人追究(授業者の構想に沿った授業プラン作成) | |
| 28 | 個人追究(授業者の構想に沿った授業プラン作成) | |
| 10/12 | 授業者の構想に沿った授業プランの発表 | |
| 19 | 個人研究(指導案作成) | |
| 26 | 個人研究(指導案作成) | |
| 11/16 | 指導案発表 | |
| 30 | 模擬授業 | |
| 12/7 | 模擬授業 | |
| 21 | 研究授業 | |
| 1/11 | 授業のまとめ | |
| 18 | 個人研究(授業の成果と課題を受けた個人の実践) | |
| 25 | 個人研究(授業の成果と課題を受けた個人の実践) | |
| 2/8 | 授業の成果と課題を受けた個人の実践の発表 | |
| 15 | 個人研究(実践) | |
| 22 | 個人研究(実践) | |

**CHECK!**

　年度当初はだれもが忙しい。スケジュール表をつくるのもひと苦労です。けれどもここでひと汗かいておくことで，部会の先生方全員の，その後の負担がぐっと減ります。

# 部会の先生「全員」がかかわる システムづくり

##  とってつけたような分担は意味がない

研究授業直前まで忙しい授業者。

部会の先生方は，評論家のように，授業者の出すアイデアに対して講評。

指導案をつくる段階になり，帳尻合わせをするように「じゃあ，私が表紙をつくるね」「印刷は私がします」という姿になる部会の研究は，実に薄いものになります。

せっかく教育のプロが集まっているのですから，主に教育に関することで力を合わせたいものです。

##  それぞれが実践を行う

学校で研究を進めていく際，強みになるのは，お互いが授業を行っているということです。研究部会で設定したテーマに沿って実践を重ね，その成果を共有し，課題については改善策を考え，実践し合うことで，子どもの実態に即した研究となります。

大事なことは，多くの実践を集めることです。授業者の学級だけの実践では，得られた成果を他の学級に一般化していくことには無理があります。

従って，研究授業は全員を代表して，一人の授業者が行うのだけれども，**そこに至るまでの実践の積み重ねは全員が行うのが望ましい**のです。

実践の報告を行う日を設定し，その日までにテーマに沿った実践を行い，考察をつけて持ち寄ることを年度当初に確認します。

そして，部会主任も含めてみんなで実践をしていきます。

## 文字数の少ないフォーマットを示す

　実践を持ち寄るということだけで負担を感じる先生もいます。そこで，**できるだけ文字の少ないフォーマットを示します。**最初に示すことで，具体的なイメージがつかめます。下に示したものには，「学年」「教材」「視点」「授業の様子」「考察」の要素がありますが，Ａ４片面の半分程度のサイズです。

名前
学年
教材　　　「　　　　　　　　」
視点　　（　　）「言葉による見方・考え方」の共有の仕方(いつ、どうやって)
　　　　（　　）「言葉による見方・考え方」を働かせ育てる対話的活動の在り方
どんなことをするか&その意図

実際の様子

考察

**CHECK!**

　全員の実践を集めることで，研究内容は確かで厚みのあるものとなり，不公平感もなくなります。授業者以外にとっても，自分の実践が指導案に入ることはうれしいものです。

# 始めと終わりの時間を
# 必ず守ることの効果

 **時間を守るだけで研究の質が高まる**

「皆さんお忙しいので，始まりの時間に遅れてもいいですよ」

と主任が年度当初述べた部会は，日が経つにつれて始まりの時間がどんどん遅くなっていきます。

開始時刻になっても会場に来ないので校内を探すと職員室でお茶を飲んでいる先生もいる，という事態が発生します。そういった部会は，終了の時間も遅くなります。しかし，長い時間会議を開いても，集まってくる時間がバラバラだったりして，きちんと情報共有がされていないので，話し合いの質は高まりません。時間を気にして発言しないので，一人ひとりの発言も長く，しゃべってはいても，要点が伝わりません。

一方，時間をきちんと守る部会では，全員がはじめからそろっているので，情報の共有もなされていきます。発言時間も気にし合うので，端的に意見を述べ，発言も絡み合うようになり，話し合いの質は高くなります。

このように，時間を守るだけで，研究の質は高くなっていきます。

 **始まりを守ることの効果**

三々五々集まってくる部会だと，始まりに緊張感はなく，一日の指導の疲労感が漂う会議になってしまいます。緊張感のない話し合いだと質の高い考えは生まれにくくなります。

けれども，開始時刻を守ることによって，話し合いの雰囲気に心地よい緊張感が生まれます。緊張感のある話し合いでは，思考が促され，質の高い考

えが生まれやすくなります。

　定刻に会議を始めることを，部会のスタートから３回くらい心がけることで，この部会は必ず定刻に開始するという意識を先生方にもってもらうことができます。

　ここで，気をつけるべきことが２つあります。

　１つは，**終わりの時刻も守る**ことです。早く集まってきた代わりに，やらなくてはいけない仕事を会議の後に入れている先生もいるでしょう。例えば保護者に連絡する用があり，会議が終わるのが16:55だから，そのころ電話すれば間に合うだろう，といった見通しをもって会議に参加している先生もいます。

　もう１つは，**遅れて来ることに対して非難するような空気をつくらないこと**です。だれにでも「今やらなくてはならないこと」が生じる場合があります。それはお互い様です。急な用があったら遠慮なくそちらを優先するということを当初に確認し合います。

## 終わりを守ることの効果

　部会が勤務時間内に終了することで，やりくりしていた用を確実にこなすことができるというよさがあります。

　また，会議が少しでも早く終わることで，何となく得したような気持ちになり，お互いの気持ちに余裕が生まれます。

　毎回の部会を，能率よく進め，終了予定時刻の５分前には終えることを目標にしましょう。

**CHECK!**

　部会で話題にすることを絞ったり，指名をテンポよくしていったりすることにより，沈黙は少なく，議論は活発な部会にできます。意図をよく説明して，時間にメリハリのある部会にしましょう。

# お互いが否定し合わない
# 雰囲気づくり

 **マイナス思考は研究の邪魔**

　部会で実践を持ち寄り，発表し合うとき，自信満々の先生もいますが，「こんな事例でいいのかな…」と不安な気持ちでいっぱいの先生もいます。

　発表の際，自信のない先生からは，「○○になってしまった」といった実践をマイナスに解釈した発言が出されがちです。

　このときに，まわりの先生方から失敗事例を前提として「何が不足していたの？」といった質問等が出されると，発表した先生はますます自信を失います。

　すると，部会の雰囲気は重苦しいものになり，自由な意見が出にくくなってしまいます。

　さらに，「こういうやり方だとうまくいかない」といった「課題」の形で位置づけられた実践からは，「この次に自分もやってみよう」という動きが生まれません。

 **お互いから学ぶ雰囲気を**

　どのような実践も，その中によさがあります。

　実践の中にある輝きの部分を見つけ合う姿勢は，まず部会の雰囲気を和やかなものにします。

　「自分ではこんな程度のことしかできなかった」と思い，遠慮しながら発表した実践でも，先生方からよさを指摘してもらうことで自信につながります。よいと言われたことについては，「再びやってみたい」，あるいは「さら

に改良してやってみたい」という気持ちが働くので，その先生の授業はどんどん進化していきます。

また，**よさを見つけるというのは，見つける先生の力を鍛えることにも通じます。**

## 主任が行うべき2つのこと

このような部会にしていくために部会主任が行うべきことは次の2つです。

1つは，**進行の工夫**です。

まず，実践を発表する等の場合には，発表者から「がんばったこと」など，自分のよさを言ってもらうようにします。

とはいえ，開放的な雰囲気になっていないと，それはなかなか難しいものです。そこで，**実践発表の後は，はじめによかったことをまわりの先生方から発言してもらいます。**このとき，主任は他の先生方が言い終わるのを待つ必要はありません。自分から率先して発言していきます。そうすることで，意見交換が活発化します。

課題については，成果の後で扱いますが，気をつけるべき点は「…ができなかった」という締めくくりではなく，「では，どうしたらよいのか」という**代案を示すところまで議論を進めること**です。

もう1つは，日常の部会での雰囲気づくりです。

日ごろから主任が「それ，おもしろいね」とか「やってみたいから，もう少し詳しく聞かせて」など，意見のよさを認め，引き出すような働きかけをすることで，温かく，知的好奇心に富んだ部会になります。

**CHECK!**

部会に集まる先生方の考えや取組に対して，部会主任が「本気で」よさを感じ，興味を感じることが大切です。そういう意識が互いによさを見つけ合い，自信をつけ合う姿につながります。

# 大切にするべき
# ３つのよりどころ

 **３つのよりどころがあることで地に足の着いた研究に**

　部会の話し合いが宙に浮いたものになってしまうと，実際の授業づくりの質の向上にはつながっていきません。

　互いの理想を語り合うことは必要ですが，その考えのよりどころとなるものがあることで，研究に説得力が生まれ，子どもの姿にあった授業が生まれていきます。

　その際，性格の異なる３つのよりどころを意識することが効果的です。

 **よりどころ１―授業学級の子どもたちの実態**

　研究授業の後の授業研究会で，お互いの語っていることが，どんどんといわゆる「理想論」になっていき，「こんな授業できっこない」と思ったことはないでしょうか。

　校内研究部会の話し合いでも，同様のことは往々にして起こり得ます。

　従って，授業づくりを考えていく際には，まず授業学級の子どもたちの実態をよりどころにして議論を進めていく必要があります。

　そのために，１学期の早い段階で授業学級の授業を参観しておくことが効果的です。その際，授業者の先生には，**クラスの様子を見るだけだから何も用意しないでほしいということをしっかりと伝えて，プレッシャーをかけないことが必要**です。

　さらに，授業を見た後に，「ここはこうした方がいいよ」等，指導的な意見を述べることも避けます。授業を見た後には，「Ａさんは，休み時間に廊

下で騒いでいるのと違って，授業ではとってもがんばっているんですね」など，**授業者が聞いてうれしくなるようなことを伝える**ようにします。

 **よりどころ2―学習指導要領**

　授業で指導することが，学習指導要領に基づいているのは言うまでもないことです。

　けれども，実際にはそれを意識していないで授業づくりがなされている研究が多くみられます。例えば，国語の物語文の解釈の授業。小学1年生から高校3年生まで「このときの〇〇はどういう気持ちだったのでしょう」という発問が使えます。肝心なのは学習指導要領の指導事項に重ねて，どういう叙述に着目させ，どう考えさせていくかという点ですが，これが見落とされているため，どの学年でも同じような授業になることがあります。

　部会の先生方全員が，**自分たちがつくる授業は学習指導要領のどの指導事項に該当するのかを共通理解することにより，目指す方向が定まります。**

 **よりどころ3―教科書**

　指導したいことやその方法は，教材の特性によって変化します。教科書のどんな教材について授業づくりをしていくのかがはっきりしていると，どんな授業をつくるのかが具体的になり，お互いのアイデアを出しやすくなり，また，お互いのアイデアから多くのことを学び合うことができます。

　実践を紹介し合うときにも，**教科書のどこを扱ったのか共通理解をはっきりとすることで，具体的に授業場面が浮かんできます。**

**CHECK!**

　部会主任が率先して，根拠のある発言を心がけましょう。また，先生方の話し合いを聞いていて，根拠を明確にしたい場合には，「どこからそう思われますか？」といった問いかけをしていきましょう。

# 意見を引き出す ２つのポイント

 **意見が集まるほどおもしろい授業ができる**

　部会の先生方一人ひとりが個性的な意見をもっています。

　けれども，「自分はまだ教師になったばかりだから」とか，「自分はベテランだけど，こんなレベルのことを言っていたら笑われてしまうかも」といった遠慮が働くことで，意見が出せなくなってしまう場合があります。

　このような雰囲気になってしまうと，特定の先生だけがしゃべるような会議になってしまいます。お互いの発言を大切にし合い，いろんな考えを出し合い，おもしろい授業をつくっていきたいものです。

 **ポイント１―若手の先生に語りきってもらう**

　若手の先生の発言には，若いからこそもつことのできる柔軟な発想が込められていることが多いものです。

　また，クラスの子どもたちとの心の距離が近いからこそ，子どもたちの様々な姿を捉えています。

　若手の先生がもつ，ベテランにはない感性は，子どもの実態に立ち，創造的な授業をつくっていくためにはとても貴重です。

　けれども，若手の先生の中には，部会での発言をためらう先生が多くいます。**単に遠慮しているだけでなく，自分の語りたいことがうまく表現できないこともあります。**そこで，部会主任の出番になります。言いたいことがうまく表現できない場合，発言の際に言いよどんだら，**「こういうことが言いたいの？」といったようにフォローしてあげる**のです。また，発言内容に対

しては，積極的な評価をすることも重要です。そうすることで，一つひとつの実践や考え方に対して自信を与えることになります。結果的に，若手の先生の積極的な発言につながります。

## ポイント2─専門外の先生に意見を求める

例えば，国語の授業づくりをする部会に，音楽専科，養護の先生など，学級担任ではなかったり，担当教科ではなかったりする先生が入っているケースがあります。

こういった先生方の積極的な発言がある部会の研究は，汎用性の高いものになっていきます。教科の特性はあるにしても，ある教科で行う指導法が他方の教科の指導に通じていたり，子どもへの接し方に通じていたりすることは多いものです。専門外の先生が部会のメンバーにいることは貴重なことです。**積極的に専門外の先生に発言を求め，発言内容を部会の研究に関係づけていくのが，部会主任の役割**です。

**CHECK!**

部会主任は，若手の先生，専門外の先生の声を引き出し，価値づけることを，会議のたびに繰り返していきましょう。そうすることで，若手が育ち，お互いを大切にする温かな部会になります。

第1部
研究授業をする部会の主任になったら

## 第2章　授業者に気持ちよく授業をしてもらうために

Chapter 2

# 授業者を引き受けてもいいと 思わせる３つのポイント

 **授業者を引き受けるかどうかは主任次第**

　授業者の候補となった先生が，引き受ける判断をする際の重要な要素として，部会主任の姿があります。

　部会主任に対する信頼があればこそ，負担の大きい授業者を引き受けようと思います。

　次の３つの観点から見た主任の姿は，特に大事な判断材料となります。

 **ポイント１―普段の学級経営**

　職員会議や授業研究会では立派なことを言っていても，自分のクラスの子どもたちが落ち着いて，安心して過ごせるクラスをつくっていなければ，その先生の言葉に説得力は伴いません。

　反対に，会議で大風呂敷を広げた発言はせず，必要なことだけきちんと述べ，そして，クラスの子どもたちが笑顔で穏やかに過ごしている，こういった先生の言葉には大きな説得力が伴います。

　加えて言えば，放課後に日直当番で校内を回っているときに教卓が乱雑な先生は，自分のことの整理もできない人だと思われます。**教卓が整然としている先生は，物事の整理が行き届いている印象を与え，「同僚のこともきちんと考えてくれる先生」という安心感をもつことにつながります。**

 **ポイント２―教えてほしくなる知識**

　部会主任１年目ではなかなか難しいことですが，部会で研究していく教科，

授業の仕方，子どもの見方など，知識が豊富な先生に対しては，いろいろなことをこの機会に教えてほしい，という気持ちになります。

　授業者が一番困るのが，部会の先生の中にその教科に対する知識をもっている人がいない，という状況です。そうなると授業者にすごく負担がかかるのですが，**主任に知識があると，授業者はそれだけで安心します。**

## ポイント3―安心できるマネージメント

　この観点については，部会主任1年目でも十分対応が可能です。

　授業者が安心して気持ちよく活動していくためには4つのことが必要になります。1つは，授業直前にバタバタしない，**見通しのある計画**です。2つは，**授業者にとって重荷にならない仕事量**です。3つは，授業者以外の先生も応分の仕事をする**公平な役割分担**です。そして4つは，部会で他の先生に突っ込まれたときや授業研究会で追い込まれたときに自分を守ってくれる，いわば**主任が盾になってくれること**です。

**CHECK!**

　授業者と部会主任の信頼関係は授業づくりの大事な柱。言葉を重ねることも大切ですが，むしろ，誠実に行動する姿の方が言葉よりも説得力があるものです。

# 年代に応じた授業者との接し方

 **年代が違えば接し方も変わって当たり前**

　半年，ないし1年近く，授業者は部会主任とつき合ってくれます。自分の抱える仕事もあり忙しい中，研究の先頭を切って力を尽くしてくれるわけです。

　ですから，部会主任は，授業者が気持ちよく仕事を進めたり，充実感をもったりすることができるように心を配る必要があります。

　このとき大切なのは，授業者の年代を意識することです。年代に合わせた接し方をすることで，授業者にとって充実した研究になるからです。

　部会主任の年代を基準にして，3つの年代別に授業者との接し方のポイントをまとめました。

 **自分より下の年代からは「引き出す」**

　若手の先生には，大きく2つのタイプがあります。

　1つは，前のめりに自分の考えを知ってほしいというタイプです。

　本を読んだり，研修会に参加したり，勉強熱心な先生がこういったタイプに当てはまります。そういう先生が「私はこうやってみたいんですけど…」と自分の考えを積極的に語ってきたときには，しっかりと聞いてそれを実行に移していけるよう支援する姿勢が必要です。

　**「その考え，大丈夫かな…」と思った場合も，懸念することは伝えつつ，やってみるよう背中を押してあげることが必要**です。成功したら自信になりますし，課題が残った場合でも納得して結果を受け入れ，次に生かしていく

ことができます。

　もう1つは，自信がなく，いろいろなことを聞いて教えてもらいたいというタイプです。そこで手取り足取り教えてしまうと，むしろ若手の先生のためにはなりません。教える前に，「自分ではどう考えていますか？」といったように，まずは先生の考えを引き出すように心がけます。

 ### 自分と同じくらいの年代とは「議論する」

　部会主任と授業者の年代が同じくらいだった場合には，遠慮なくお互いの考えを語り合うことができます。考えを聞き合うことで，お互いの今後の教育実践にとってプラスとなります。

　議論が割れた場合，最終的には授業者の判断を尊重します。その学級の子どもの実態は授業者が最も心得ているからです。そして，方向が定まったら，部会主任は，授業者の姿勢をバックアップしていくことが大切です。

 ### 自分より上の年代からは「学ぶ」

　自分より上の年代の先生が授業者をやってくださる場合には，まず敬意を払い，そして，学ぶ姿勢が大切です。

　特に，もうすぐ定年退職される先生が授業者を買って出てくださるような場合，授業で使うプリントの印刷をこちらで行うとか，ワークシートをパソコンで仕上げるとか，全面的にお手伝いするくらいの気持ちが必要です。自分より下の年代の人が多い中，授業を公開する方の気持ちに寄り添い，感謝をもって先輩のこれまで積み重ねてきたことすべてに学びましょう。

**CHECK!**

　どの年代の授業者であっても，それぞれの先生の持ち味があります。授業者が自分の持ち味を，自信をもって気持ちよく発揮できるように，意識してかかわることが大切です。

# 授業者が孤立しない
# サポートの仕方

 **授業者を1人で苦しませない**

　どんな場面でも，基本的に自分の意見を言う側には不安がつきまとうものです。授業者にとっては，自分が考えた指導案について，様々な先生方がいる前で語ることは，どれだけ経験を積んでも不安なものです。

　さらに，授業者は，自分が授業しなければならないという切実な役割も抱えています。精一杯考えた指導案に対して否定的な意見が多かった場合には，その後の修正案の作成に対し，絶望感をもつ場合さえあります。

　部会主任は，授業者に不安感や，孤独感を与えないようにして，支えていく存在です。

 **授業者が話しやすい主任に**

　終末に子どもにどんな振り返りをさせたらよいのか，とか，主眼にはどんな要素をどんな順序で書き込めばよいのか，といったことをはじめとして，授業者になってみると，よくわからないことがたくさん出てきます。そんなときに，部会主任にすぐ相談できると，授業者の頭の中はすっきりして，どんどん仕事がはかどります。

　では，授業者にとって，どのような主任が話しやすいのでしょうか。

　ポイントが2つあります。

　1つは，「今忙しいから話しかけちゃダメ！」オーラを出さないことです。部会主任もいろいろな仕事を受け持っているので，忙しいのは確かです。しかし，それがにじみ出てしまうと話しかけにくいものです。少なくとも職員

室など，授業者と同じ室内にいる場合には，気をつけたいものです。

　もう1つは，**短時間一緒に考える**ということです。たとえ自分が答えをもっていても，まず授業者から考えを引き出し，一緒に調べてみようという姿勢を示します。けれども，長い時間の相談になってしまうのは，お互いの時間がもったいないので，1回の相談は10分以内を目指したいところです。その分，回数を多くとっていく方が負担感が少なくて済みます。

 ## 授業者の意見に肯定的な評価と補足を

　研究部会で授業者から提案があったときには，基本的に肯定的な評価をします。「子どもの話し合いの話題に必要感があっていいですね」といった形で，端的に述べます。特に不安感の中で提案したことに対して肯定的な受け止めがなされることは，自信につながります。

　また，もう少し具体的にしたらどうかといったことに対しては，「先生のお考えをもう少し詳しくするとこういうことでいいですか？」という形で補足していきます。**純粋な質問の形で引き出そうとすると，授業者を追い込む場合があるから**です。

 ## 周囲の意見を具体化し，授業者の考えとつなぐ

　授業者の提案に対する周囲の先生方の発言には，具体性という点で様々なレベルがあります。何を言っているかよくわからない場合もあります。そこで，**「今の○○先生の意見は，例えば…だと思いますが…」のようにして，具体的な形で発言者と授業者の先生との共通理解を図ります。**

> **CHECK!**
>
> 　授業者の先生が1人で抱え込まないようにするためには，温かな声がけが土台となりますが，部会主任が課題を共有して，一緒に，一生懸命考えることが一番です。

# 授業者に自信をもって もらうための3つの問いかけ

 **借り物の指導案が招くのは授業者の立ち往生**

授業づくりの部会では，よい授業をつくるために先生方が様々な意見を出してくれます。けれども，授業者が納得した指導案にしていかないと，実際の授業はなかなかうまくいきません。

特に，**若手の先生が授業者だったりする場合，ベテランの先生の意見をそのまま受け入れてしまう傾向があります。**その結果，授業中，子どもの発言をうまく引き取ることができなかったり，次の発問・指示が自分の中で見えていなかったりして，立ち往生してしまうことがあります。

このような姿にならず，授業者が自信をもち授業をしていくためには部会主任からの3つの問いかけが重要になります。

 **問いかけ1—「わかっているか」聞いてみる**

授業者が，ベテランの先生や，自分の考えにとても自信をもっている先生から出された意見に対して一生懸命うなずいている場合，よく理解しているうなずきと，本当はわかっておらず納得がいっていないけれどせっかく意見をくださっているから失礼にならないようにするためのうなずきがあります。

そこで，部会主任としては，授業者が理解できているのかを聞いてみます。「○○先生のおっしゃっていること，わかりますか？」と直接聞きます。必要なら「○○先生のおっしゃっているのはこういうことだと思いますが，わかりますか？」というように，意見をかみ砕いてから尋ねます。

普通はここで，**わかっていてもいなくても「わかります。大丈夫です」と**

いう返事が返ってきます。

 **問いかけ2ー「具体」を聞いてみる**

　そこで，重ねて聞いてみます。「例えば，どうすればいいと思いますか？」と尋ねたとき，「子どもが〜という反応をしたときに…」のように答えが返ってくる場合は，意見を消化している状態です。一方，**尋ねたときに具体が出てこない場合は，意見が消化されていません。**その場合には，意見を出してくださった先生にもう少し詳しく述べてもらうようにするか，部会主任が詳しく説明します。

 **問いかけ3ー「本当の気持ち」を聞いてみる**

　部会には，複数の先生が参加しています。さらに，自分より年配の先生がいる場合も多いでしょう。授業の進め方について出された意見を選択したくないと思っていても，部会ではそれを言えない場合が多くあります。

　そこで，部会が終わった後，あるいは翌日，授業者に気持ちを聞いてみます。**「昨日○○先生からいただいたアイデア，できそうですか？　自分の正直な気持ちを遠慮なく言って大丈夫ですよ」**と尋ねます。

　そして，授業者の率直な思いを引き出します。できるかどうか自信がないという答えに対しては，自分の考えを優先して指導案をつくっていくように伝えます。次の部会では「前回，○○先生からいただいた意見はとても大切なことですが，少しレベルが高いので，次回やってみましょう」と，意見を出してくださった先生を立てつつ，さらっと話し，会議を進めます。

**CHECK!**

　研究授業は部会としての授業提案ですが，授業をするのは授業者です。部会の話し合いで出た意見に対する授業者の反応を，表情なども含めてよく観察し，授業者の状態をつかみましょう。

# 授業者の状態をキャッチする
# ３つの観点

 **職員室に見える授業者の負担の重さ**

　指導案づくりなど，研究授業に向けた準備が，授業者の先生の過度の負担になっていくのは，避けたいところです。

　授業者の先生の状態をしっかり把握することで，例えば，「今は来入児の一日入学の準備で忙しそうだから，座席表をつくってもらうのはもう少し後でお願いしよう」といったような配慮につなげていくことができます。

　そんな授業者の先生の状態は，職員室でもキャッチすることができます。次の３つの観点で見ていきます。

 **観点１―机の上の整頓状況**

　これは主に授業者の先生が職員室にいないときに行います。

　机の上の整頓状況に着目することで，次の２つのことがわかります。

　１つは，**多忙さの状態**です。職員室の机の上がプリントなどで山盛りなら当然忙しいでしょう。窓辺の棚の上まで荷物があふれているような場合は，相当忙しい状態です。これは，整理整頓が苦手で日ごろから机の上がぐちゃぐちゃという先生の場合は基準にはなりませんが，日ごろはきれいになっている机の上に山ができ始めてくるのは忙しくなってきたことの表れです。

　もう１つは，**今やっていること**です。ダンスの本が載っていたら，運動会の準備かなということがわかります。研究授業で扱う教科の教科書や学習指導要領などが載っていたら，研究授業の準備を始めたなということがわかります。

## 観点2―児童の家庭との連絡状況

　職員室に保護者からかかってくる電話に出ている様子を把握することも大切です。何らかのトラブルや，学校に対するクレームである場合，電話が長くなったり，その後，別の子の家に電話をしたり，学年主任の先生等との相談をしたり，といった流れになり，時間と体力を大量に使います。

　**このような緊急の場合には，そちらの対応に専念できるような配慮を行うことが必要**になります。

 ## 観点3―他の先生との雑談状況

　「忙しい，忙しい」と言いながらも，職員室でお茶を飲みながら他の先生と話をしているときは，まだ余裕がある状況です。

　本当に心のゆとりがなくっている状態では，他の先生と雑談をすることがなくなります。授業者の先生が，**最近雑談の輪に入っていないという姿を見たら，研究授業の準備のためなのか確かめ，必要に応じてサポートします。**

**CHECK!**

　授業者の先生の忙しさの状況を把握することで，授業者にやってもらいたいことの程度を考えることができます。よく観察し，状況に応じたかかわりをしていきましょう。

# 授業者の思考を整理する
# 3つのステップ

 ## 頭から離れない研究授業

研究授業が近づくにつれ，授業者の心は落ち着かなくなってきます。

「この発問で，子どもたちは考え出すことができるだろうか」とか，「この時間で個人追究が終わるだろうか」とか，「Aさんは授業中ずっと席に着いていることができるだろうか」とか，様々なことを考えてしまいます。

こういったときに授業者と話をし，気持ちをすっきりとさせたいものです。

次の3つのステップで話を進めていきます。

 ## ステップ1—問いかけで整理する

「『　　』という発問で子どもたちは動くでしょうか？」というように，授業者から部会主任に相談をすることは少なくありません。

こういったとき，まず部会主任がどう考えているかは言いません。

授業者としてはどう思うかを尋ねます。

その理由は2つあります。

1つは，**主任の考え方を押しつけないため**です。

もう1つは，**授業者の中にある材料で組み立てていくのが，一番無理のない授業になるから**です。

授業者に質問されたら，まず「自分ではどう思いますか？」と授業者に問い返します。

このとき，授業者がうまく答えられないような場合には，授業者の言葉を聞いてから，「先生の考えていることはこういうことですか？」というよう

に整理して問い返します。

　また，「**なぜそう思ったのですか？**」と迷いが生まれた**理由も尋ねます**。そうすると，指導案を考えている中で生じた疑問が出てきます。「部会で指導案を検討しているときにはあまり感じなかったが，教室の子どもの実態を見ると，自分たちが思い描いていた反応はしないのではないかと思ったから」といったことが出されます。

　不安に思っていることとその理由をここではっきりさせます。

 ## ステップ2 ─順を追って共に考える

　次は，部会主任も授業者になったつもりで，一緒になって考えます。前時の活動はどういう予定か，そこで子どもたちはどのような状態になっているか，ということから確認します。

　そして，本時の動きを授業者と共にシミュレーションしていきます。**授業者が悩んでいる箇所での子どもの姿がやはり懸念される場合には，部会で考えた手立ての再検討になります。**

 ## ステップ3 ─「そもそも」に立ち返る

　ここで肝心なことは，そもそも自分たちの部会では何を目指しているのかを確認する必要があるということです。

　よくやってしまいがちなのが，活動が活発になることだけを考えてしまうことです。自分たちの研究は「そもそも」どこを目指しているのかを授業者と再確認し，**研究の目的に対応することを考えて手立てを練ります。**

**CHECK!**

　相談があったときには，まず部会主任の思考を授業者の思考に合わせていくことが必要です。指導案を一緒に読んだりしながら，授業者の意識に自分の意識を近づけていきましょう。

# 授業者の教室に足を運ぶ たくさんのメリット

 **忙しくてもときどきは足を運ぶ**

　部会主任も，多くの場合は自分の担任する学級をもっています。

　当然，自分の授業ももっているので，授業がないわずかな時間に自分の仕事を進める必要もあり，授業者の先生の授業を見に行くことは，部会主任にとってなかなかの負担です。

　しかし，よりよい授業をつくるためには，できるだけ時間を見つけて，授業者の先生の教室に行くことが必要です。

　45分ずっといる必要はないので，**10分くらいとか，自分自身が苦しくなってしまわないようなスタンスで授業学級を見に行きましょう。**

　授業学級を見に行くことには，いくつものメリットがあります。

 **よりリアルな指導案ができる**

　授業を見に行くと，様々なことがわかります。どの子がおとなしいとか，どの子がやんちゃだとか，子どもの個性に触れることができます。

　また，授業者の授業の進め方の特長もわかりますし，職員室で話すだけではわからない人間性も何となく伝わってきます。さらに，子どもとの関係もわかります。

　こういった教室の基本的な情報は，授業をつくっていくうえでの大きな前提となります。授業者が捉えている自分の学級の様子を頭に入れて指導案はつくられていきますが，**練り上げるためには，部会主任が感じてきたその学級の空気を加味することが必要**になります。

## 子どもの様子がわかる

　子どもたちの多くは，お客様が来られることを喜びます。教室に他の学年，学級の先生が来ても喜びます。

　そして，教室に来た先生に子どもたちが話しかけてくることがよくあります。「先生，何しに来たの？」とか「先生，何歳？」など様々なことを尋ねてきます。

　そういったやりとりを通して，自分の学級ではない子と仲良くなることも楽しいものです。

　さらに，子どもたちと話をする中で，その子がどんな子なのかということも少しだけわかります。

　**子どもの様子をつかんでおくと，研究授業の姿をより客観的に分析することができます。**そして，より適切な議論を行うことにつながります。

 ## 授業者との信頼関係が深まる

　授業者にとっても，部会主任が見に来ることのメリットはあります。

　1つは，**自分の学級の子どもの様子をよく知ってもらえる**ことです。そうすることで，指導案をつくる際，検討する際に，自分の子どもに対する捉えに対し，的確な見方を得られるということです。

　もう1つは，**部会主任に対して信頼感がわく**ことです。忙しい中授業を見に来てくれる主任の真摯な姿は授業者にとって張り合いとなります。また，部会主任に対する感謝の気持ちへとつながります。

---

**CHECK!**

　授業者の教室には休み時間のうちから行き，子どもたちと話をする時間をつくることがおすすめです。参観したら，毎回すばらしい点を見つけて，授業者に伝えましょう。

第1部
研究授業をする部会の主任になったら

## 第3章　研究をみんなの力でつくり上げるために

Chapter 3

# 計画書づくりは
# 逐次，即時

 **ギリギリでつくるとみんなが大変**

　部会主任の行う大きな仕事として，研究計画書の作成があります。

　研究テーマから研究内容まで，多くの項目があります。書くのには結構な労力を必要とするため，ついつい後回しになり，研究授業が近づいてきてから部会の先生方に見てもらう…となってしまいがちです。

　けれども，このような事態は避けたいところです。なぜなら，部会の先生方に大きな迷惑がかかるからです。授業者にとっては，自分のつくった研究授業の指導案と計画書の内容とのすり合わせを後でする必要が生じます。また，他の先生にとっても，共通理解をしながら研究を進めていくことが難しくなってしまいます。

　大変な仕事は，ギリギリになって行うほど粗さが出ます。反対に，コツコツ書き溜めていくと，しっかりとしたものができ上がります。

 **4月段階でも書ける5つの項目**

　計画書には，4月に書けてしまう項目があります。それは，**「目次」「研究テーマ」「テーマ設定の理由」「研究の視点」「研究の流れ」**の5つです。むしろ，「ない方がおかしい」項目です。これらが書かれ，部会内で共通理解されていることにより，研究が進んでいきます。ときどき，授業者が研究授業の指導案をつくり始めてから，それに合わせるようにして書いていくようなケースを見かけますが，それでは研究とは言えません。がんばって書き，遅くとも5月の連休明けには先生方に示しましょう。

## 活動したら即まとめる

　研究がスタートした後は，先生方の実践とそのまとめといった１つの活動をするごとに，その部分を書いて，部会で共有していきます。

　**手早くまとめるには，まとめやすさも重要**です。共通の視点の実践を共通のフォーマットに記録してもらい，基本的にはそれを合体させていって，最後にまとめをつけるととても早くできます。

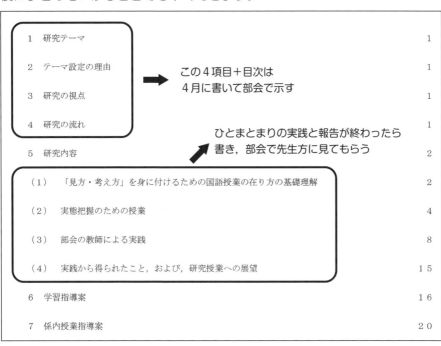

| | | |
|---|---|---|
| 1　研究テーマ | | 1 |
| 2　テーマ設定の理由 | この４項目＋目次は | 1 |
| 3　研究の視点 | ４月に書いて部会で示す | 1 |
| 4　研究の流れ | | 1 |
| 5　研究内容 | ひとまとまりの実践と報告が終わったら書き，部会で先生方に見てもらう | 2 |
| （1）　「見方・考え方」を身に付けるための国語授業の在り方の基礎理解 | | 2 |
| （2）　実態把握のための授業 | | 4 |
| （3）　部会の教師による実践 | | 8 |
| （4）　実践から得られたこと，および，研究授業への展望 | | 15 |
| 6　学習指導案 | | 16 |
| 7　係内授業指導案 | | 20 |

**CHECK!**

　大変なことはつい後回しにしがちですが，授業者はじめ部会の先生方全員に影響のある仕事です。４月につくっておくものをがんばれば，研究も筋の通ったものになっていきます。

# 「テーマ設定の理由」に入れるべき3つの要素（外部公開バージョン）

 **計画書は学校の「顔」**

　計画書を作成する場合，外部に公開するときと，校内の研究をするときとでは，「テーマ設定の理由」に書くことが少し異なります。

　外部に授業を公開する場合，計画書は，その学校の教育活動を代表するものとなるので，そういった役割を果たすための内容が必要となります。ここでは，外部公開の場合について，テーマ設定の理由に入れるべき3つの要素を示します。

 **要素1―学校教育目標，全校研究テーマ等の大きな枠組み**

　学校教育目標は学校の教育活動の最も大きな枠組みであり，全校研究テーマは授業改善を進めていく際の大きな枠組みとなるので，これらは書いておく必要があります。

　研究していく教科にとって，**この枠組みが子どもの実態を把握する視点**となります。書くときには，以下のような形で端的に済ませます。

　　本校の学校教育目標は「〇〇」であり，全校研究テーマは「□□」である。国語科の文学的文章の解釈の学習の実態について，以上の視点から分析すると次のようなことが言える。

 **要素2―子どもの実態**

　枠組みに照らした現状（現時点の成果と課題）を書きます。ここでは，研究を進めていく教科に関して書きます。また，研究の期間にもよりますが，

分析する範囲は狭い方がよいでしょう。

　国語を例にとると，１年間の研究で，「読むこと」領域全般についての成果と課題を書くと，範囲が広すぎて，研究にまとまりがなくなってしまう危険があります。

　一方，「低学年の文学的文章の解釈」といったように，**対象範囲を限定すると，研究に締まりが出ます。**

 ### 要素３―課題解決へのアプローチ

　現状分析をしたら，どのようにアプローチをかけたら課題の解消につながるかということを書きます。**ここが一番難しく，基礎知識が必要になるところであり，部会の先生方の知恵を出し合うところです。**課題としてあげたことに対して，類似した課題を解消した実践や昨年度までの積み重ねがあればそのことを基にすることができますし，実践や理論が書かれた本があれば，そのことを基に見通しをもつことができます。

CHECK!

　多くの外部公開の授業の指導案は，当日配布です。参観者が授業の前に短時間で読めることを考えて，「テーマ設定の理由」はＡ４片面の３分の１以内で端的にまとめるようにしましょう。

# 「テーマ設定の理由」に入れるべき３つの要素（校内研究バージョン）

 **みんなが知っていることは書かない**

校内研究の場合，学校教育目標や全校研究テーマを「テーマ設定の理由」に書く必要はありません。ただし，それらと無関係なことを研究するのではありません。研究は，学校教育目標の達成や全校研究テーマの追究を目指す中で行われます。学校教育目標や全校研究テーマは校内の先生方全員が知っていることなので，知っていることを改めて書く必要はないということです。

そのうえで，「テーマ設定の理由」に入れる要素として，次の３つがあります。

 **要素１―子どもの実態**

扱う教科等の中で，扱う領域等に沿った視点からの実態を書くことがベストです。例えば「低学年の文学的文章の解釈」について言うと，「場面の様子を思い描くことはできるが，文脈に根拠をおいた想像ではなく，断片的な言葉を根拠にした妥当性の乏しい想像になってしまう」といったことです。

このような分析は，複数年度，同様の研究を重ねていたり，教科の専門性に秀でた先生がいたりする場合には可能です。

しかし，多くの研究は単年度で行われますし，みんなが頼りにしたい専門性に秀でた先生もなかなかいないものです。

その場合には，同じ教科の中での実態として，成果となる姿を書き，次に領域の焦点を絞り，課題を書くとよいでしょう。例えば，「国語の授業に対して意欲的に取り組み，挙手して自分の考えを発言する児童が多いが，物語

文の読み取りになると，めいめいが自由に語っていて，授業の収拾がつかなくなる場合がある」といったことです。

関係性の乏しいことを実態の中の成果と課題であげるのではなく，**こちらのことはできるけれども，その力がつけたい力の獲得につながっていないというようにして，成果と課題を関連づけます。**

 **要素2―課題が生じる原因**

次に書くことは，課題が生じる原因です。

ここでの基本的な考え方は，**教師側の指導にその原因を求める**ことです。ただし，「どんな指導をしていなかったから」という書き方で書くのは難しいものなので，「こんな指導をしていたから」という振り返り方で，子どもの課題が生じている原因を探ります。

 **要素3―課題解決へのアプローチ**

ここで書いていく内容は外部公開の場合に準じます。

お互いが実践してきた中で，類似の課題に対して解決できたことがあれば，そのことを見通しとして述べます。

大切なことは，この部分が全校研究テーマと重なるところだということです。

基本的には，抽象的であったり，一般的であったりする全校研究テーマの言葉が，**研究していく教科等に沿った言葉になっていることが大切**です。

**CHECK!**

「テーマ設定の理由」は，最初の部会で子どもの現状などについて話し合ってまとめればよいでしょう。Ａ4片面の3分の1程度にまとめて2回目の部会で先生方に見せ，研究の土台の共通理解を図りましょう。

# 研究の方向性をくっきりさせる 2つの項目

 **確かな見通しこそが全員を楽にする**

　見通しをもって研究を重ねていくことで，全員が安心し，楽に研究に参加できます。そのためにスケジュール表（p.19）がありますが，計画書にも確かな見通しにつながる2つの項目を設けておくとよいでしょう。

 **項目1―研究の視点**

　研究を実際に進めていくためには，よりどころにしていくもの，つまり，授業づくりの具体的な視点が必要になります。研究テーマには具体的な視点は書きませんが，実際に研究を焦点的に進めるためには必要になります。

---

　3　研究の視点
　　研究を進める視点を以下の3点とする。
○「言葉による見方・考え方」にはどのようなものがあるか
○「言葉による見方・考え方」の共有の仕方（いつ，どうやって）
○「言葉による見方・考え方」を働かせ育てる対話的活動の在り方

---

　上の例のように最初にまとめておくと，授業づくりの具体的な視点になり，**研究が拡散していくのを防ぐことができます。**

 **項目2―研究の流れ**

流れ自体はスケジュール表に書くものと重なります。スケジュール表は，

部会の先生方で共有するもの，計画書に載せる研究の流れは，**校内の先生方にどれだけ確かな歩みで研究を進めたかを知らせるもの**です。

　いずれにしても，以下の例のように流れが明確になっていることで，見通しをもって研究を進めることができます。

---

　4　研究の流れ

　　部会所属教員それぞれの授業力を高め，それぞれの実践に基づき研究を深めていくために，以下のような流れで研究を進めた。

（1）見方・考え方を身につけるための国語授業の在り方の基礎理解

（2）実態把握のための授業

（3）コースの選択

（4）各自の追究

（5）各自の実践

（6）各自の成果と課題の共有

（7）授業者のテーマの共有

（8）各自で指導案をつくる

（9）授業者による指導案の吟味

（10）模擬授業

（11）全校研究授業

（12）成果の共有

---

**CHECK!**

　「研究の視点」は，テーマ設定の理由を書いたものを部会の先生方に見せるときに一緒に見せます。「こういう視点でどうか」ということを検討し合い，共通理解を図りましょう。

# 「研究内容」に必要な
# 2つのこと

 **「研究内容」で見せる，迫力と一貫した実践**

　「研究内容」に必要な要素は，どのような実践を行い，どのような成果と課題が見られたか，そして研究授業に向けた見通しです。

　これらの要素を入れたうえで，読み手にはすっきりと読みやすく，つくり手には満足感のある「研究内容」にします。

　そのためには2つのことが必要になります。

　1つは，**迫力を与える写真**です。子ども同士のやりとりが文字で書かれているより，授業風景が写っている方が，臨場感があります。板書の写真からは実際の授業の流れや雰囲気が伝わります。

　もう1つは，**一貫性をもたらす考察**です。研究の視点に沿った考察を要点的に書き，成果と課題を短い言葉で示します。また，それぞれの先生方の授業記録を切り取るのは，研究の視点に特に関係する箇所に絞ります。肝心なのは，研究の視点からずれた実践・考察にならないようにすることです。

　これらは，部会の先生方全員のものを載せます。このように述べると負担が大きいという印象がありますが，一人ひとりは「部会の先生『全員』がかかわるシステムづくり」（p.20）で述べたように簡単なフォーマットを使い，入力しているので，大きな負担にはなりません。

　このようにすることで，読み手にはすっきりと読みやすく，迫力のある研究内容となります。また，このようにすることで，作成した部会の先生方にとっては自分の実践がしっかりと位置づいており，満足感をもつことになり，互いの実践を読み返すことでチームワークの実感につながります。

成果を
タイトルに

オ　導入で，学習用語をおさえた既習事項を想起させる
（4年　一つの花）

実際の様子

> T　今日は，導入場面と終末場面からテーマを考えていきます。どうやったらいいでしょう。
> C　導入場面と終末場面を比べてみると良いと思います。
> C　そのときに「観点」を決めて比べると良いと思います。
>
> このようなやり取りの後，教材文を一度黙読してから，各自で導入場面と終末場面の比較に取り組んでいった。

実際の
授業の様子
・発言
・板書

授業者の考察

前時に，「おにぎり」と「コスモス」の比較を
してあったことから，本時働かせる見方・考
え方は短時間で引き出すことができ，追究の
時間を多く確保することができた。また，早
くできた子に板書させ，それを見させること
で追究していく際に働かせる見方・考え方の
一層の共有につながった。

授業者自身の
考察

共有したいこと

・見方・考え方を働かせる場面を繰り返し設けることで，定着していく。
・観点，導入，終末など，見方・考え方を学習用語として示すことで，言葉の定義を伴い，見方・考え方が
　定着する。
・早くできた子に板書させることで，活動途中の子にとってはモデルとなる。

共有したい
実践の成果

**CHECK!**

上の実例を見ると，文字が少ないことに気づくと思います。写真を大きくし，文字はできるだけ削ることによって，伝えたい内容を端的に伝えることができます。

# 「実践の成果と課題」の "全部乗せ" を防ぐ方法

 **焦点化した「実践の成果と課題」にするために**

　研究内容の終わりに書く「実践の成果と課題」には，研究テーマに沿って実践を中心に研究してきた結果，どのようなことが成果としてあがり，一方でどのようなことが課題として残されたかを書くでしょう。

　このとき，多くの先生方の実践を積み重ねてきたからこそ陥りがちなのが，**やったことを全部書く**ということです。

　せっかくがんばって研究を重ねてきたし，授業をしてみたらこんなこともわかった，という思いから，研究テーマと関連度の低いことも載せてしまうということです。気持ちはわかりますし，自分もかつてやったことがあります。が，関連度の低いことは載せない方がよいでしょう。部会の先生方全員で磨いてきた研究に濁りが出てしまいます。

　他にも，次のような点を意識して「実践の成果と課題」を書くことにより，理解しやすいものとなります。

 **文字量は少なく，端的に**

　成果にしても，課題にしても，長文になると読み手には意味がわかりにくくなります。

　いくら箇条書きになっていても，長い文章が複数あればわかりにくさは変わりません。

　**1文は1行以内にすることを心がけましょう。**

## どこから考えたのか辿れるように

　どんな実践から成果や課題があげられるのかがわからないと，読み手は計画書の前の方をまた読み，考察の出どころを探すようになります。見本として下に示したものでは，各文頭に記号を振ってあります。この場合は「**研究内容**」で該当する箇所に同様の記号が振ってあります。

## 実践を本番につなげる

　研究の成果が複数ある場合，すべてを研究授業につなげていく必要はありませんし，やるのは困難でしょう。成果として得られたことからは１つでよいので，研究授業でも行い，そのよさを共有するということでよいでしょう。課題も複数ある場合，すべての解消を研究授業で図るのは困難です。**課題の中から１つ選び，解消を図るということでよいでしょう。**

---

（4）　実践から得られたこと，および，研究授業への展望

　以上の実践を通して，言葉による見方・考え方の共有にとっての成果を大まかに次の３つにまとめた。

| A | 導入場面で，変化しない反復表現をきっかけにして，反復表現周辺の変化に着目させる |
| B | 導入場面で，教師から見方・考え方と表し方のアウトラインを示す |
| C | 導入場面での二つの文章の比較から見方・考え方をもつ |

　また、課題は次のようになった。

| D | 着目する叙述には目が行くが文章全体への意識が欠落する |

　これまで得られた成果を受け，研究授業では「**C　二つの文章の比較から見方・考え方をもつ**」を行う。

　また，課題として残されたDについては，「**教師が本時扱う場面全体を意識した問い返しをする**」ことを行い，解消を図りたい。

---

**CHECK!**

　「実践の成果と課題」を書いたら，その基になる「研究内容」の実践・考察の記述と照らし合わせ，ずれていないかについて部会の先生方とチェックしましょう。

# 「学習指導案」は
# プラン合体型でいいとこどり

##  指導案はみんなでつくる

　指導案（研究授業の本時案）は，これまで部会で研究してきたことの１つの結晶です。部会の先生方一人ひとりが学んできたことのまとめでもあります。従って，これを授業者１人に任せてしまうのは気の毒ですし，もったいないことです。

　指導案作成に全員が携わることによって，研究授業に対して，共通の問題意識をもつことができます。授業者に任せきりにしてしまってはできないことです。

　そして，全員がかかわることによって，授業者一人では考えつかない発想が集まってきます。

　**個人研究ではなく，チームで研究するからこその充実した指導案**ができ上がります。

##  「プラン合体型」指導案ができるまで

　ここで提案するのは，部会の先生方それぞれが考えた指導案の中からよいところを授業者がチョイスして指導案を練っていくというものです。

　流れは次のようになります。

①研究授業の２か月前を目安に，授業者から，研究授業で扱う教材とどのような授業にしたいか，あるいはどんなところで指導案を作成するに当たり悩んだり，困ったりしているかを発表してもらいます。その際，部会主任は研究の視点に沿って各自が指導案を作成するように補足説明します。先

生方の負担にしないため，フォーマットを示し，そこにＡ４片面１枚以内の分量でまとめてもらいます。

お名前　（　　　　　　　　　　　　　　　）

研究の視点に関すること

| 育て働かせたい見方・考え方 | 理由 |
|---|---|
|  |  |

| 見方・考え方の共有の仕方(いつ、どうやって) | 見方・考え方を育て働かせる対話的活動の場面 |
|---|---|
|  |  |

主眼

授業のねらいや展開を簡単に

展開

| 段階 | 学習活動 | 指導・支援 | 備考・評価 |
|---|---|---|---|
| 導入 |  |  |  |
| 展開 |  |  |  |
| 終末 |  |  |  |

②１か月間を目安に，部会の先生方一人ひとりが指導案（略案）をつくります。このとき，授業者には指導案をつくってもらう必要はありませんが，自分なりの構想を立てておいてもらいます。

③研究授業１か月前に発表会をします。そこで，それぞれの先生方が作成した指導案のプレゼンをしてもらいます。このときに，主に授業者から質問をしてもらいます。

④授業者はその後，指導案（研究授業の本時案）を作成します。その際，他の先生方からのアイデアで納得したことを取り入れます。

**CHECK!**

　この方法を使うと，当事者意識が高まり，多彩なアイデアが集まってきます。注意点は，各先生方に作成期間を保障することと，授業者には本当に納得した案を参考にしてもらうことです。

# 模擬授業のもつ
# ３＋１の意味

 **模擬授業で仕上げはバッチリ**

　研究授業まであと１週間ほどになったら，授業者の先生の教室等，授業会場を使い，模擬授業を行います。

　模擬授業を行うのには３＋１つの意味があります。

　１つは，**授業者にとって現段階での授業イメージがはっきりする**ことです。自分の頭の中で構想していても，それを他の先生の前でやって反応してもらうと，思い描いていたものと合致するところもあれば，そうではないところも見つけることができます。

　２つは，**部会の先生方にとって授業のイメージが共有できる**ことです。他の部会の先生から「今度の研究授業何やるの？」と聞かれたときにもしっかりと答えることができます。

　３つは，**全員にとって仕上げでやることがはっきりする**ことです。

　授業者としては板書計画を練り上げる，発問を焦点化するといったことがその中心としてあります。

　部会の先生方としては，例えば，黒板に貼る予定の絵が小さすぎた場合にそれをつくり直す，といったようなことがあります。このとき，だれが何をするかを決めるのは，部会主任の大事な仕事です。

　残りの１つは，**部会主任にとっての意味で，それは教室環境の把握**です。１週間後には全校の先生方が見に来られる教室です。窓際の棚の上が片づいているか，教室の後ろの壁の掲示物が曲がっていないか，床にごみがたまっていないか，雑巾が転がっていないか，教卓の上が整頓されているか等を確

認する必要があります。そして，必要があれば，前日の準備のときにささっと片づけましょう。

 ## 模擬授業のやり方

45分，ないしは50分の授業を何分でやってもらうか，模擬授業の1週間前には授業者に時間を伝えます。特に，部会の先生方の意見を聞きたいところを長めに行うようにします。

模擬授業を行う前には，授業で使う教材・教具を用意しておきます。

また，板書計画，発問計画を立てておき，板書は板書計画に沿って行ってもらいます。

部会の先生方には，子ども役になってもらいます。先生の発問に対して，この学級の子なら何て反応するか考えつつ，自分が授業者だったらどんな発問をするのかという意識でも考えていきます。

模擬授業の展開の仕方には2通りあります。1つは，まったく授業と同じような口調で話していくスタイルです。この方法だと，授業者は実際に子どもに語る言葉かけの練習になり，部会の先生方も実際を想定した発問・指示がわかるので，よさ・課題を吟味しやすくなります。2つは，「このときにはこう言います，そして…」というように，解説しながら行うものです。この場合だと，授業者にとっては，「ここでの発問を悩んでいて…」と言うなどすることで，考えてほしい箇所を焦点化することができます。

1つ，絶対やってはいけない約束があります。それは，模擬授業をしているときに，「ちょっと待って…」のように参加者が介入することです。

**CHECK!**

授業直前の模擬授業には，授業者の先生に自信をもってもらう意味合いもあります。部会の先生方にも共通理解してもらい，授業者によさをたくさん伝えてあげましょう。

Part 1

第1部
研究授業をする部会の主任になったら

# 第4章　最高の研究授業にするために

Chapter 4

# 授業者と連携した
# 事前検討会の説明

 **部会主任の力が問われる場**

　研究授業の前には，多くの場合，事前検討会が行われ，研究内容の周知や研究授業の内容の周知が図られます。

　また，授業を見る視点についての共有もここでなされます。

　時折，研究内容についての説明をほぼせずに，授業者による授業の説明をしたり，参観者対象の模擬授業を行ったりするような事前検討会も見られますが，それでは不十分です。

　研究授業は，部会で積み重ねてきたものの上にあります。従って，部会ではどのようなテーマをもち，どのような視点で実践を積み重ね，どのような成果と課題が出たのかを説明する必要があります。

　そして，研究授業は何のために行うのか，言い換えれば，**何を視点にどこを見てもらうのかが明確でなければ，部会での研究の提案としては意味がありません。**

　そこで問われるのが，部会主任の力です。

　授業内容の説明の方が時間をかけるべきなので，部会主任が話す時間は短いものです。その中で，どんな問題意識で部会の研究を行い，どのような成果，課題となっているか，そして，研究授業は何のために行うかを端的に話すことが必要です。

　では，部会主任として特に何を先生方に伝えればよいのかについてここでは述べます。

**授業の視点をはっきりさせる**

授業全体の展開について授業者が話す前に，どういう視点に基づいて授業づくりをしたかということを話します。

そのうえで，授業者が本時のこの場面とかこの手立てのところをよく見てほしい，と言うようにすると，参観者の着眼点が焦点化されます。

 **授業で見える姿の解釈を示す**

授業者の授業についての説明の後，この場面でこういう姿が表れたら手立てが功を奏している状態であるといった，期待される反応を示しておくことも，参観者の視点を焦点化するために効果的です。

## 本日お示しする内容

1　研究の経過と到達点
2　全校研究授業について
　1）見ていただきたいポイント
　2）主眼
　3）展開
　4）期待される反応

ご質問・ご意見・アドバイスをお願いします

簡単なスライドをつくって説明していくとわかりやすくなります

**CHECK!**

　事前に授業者，司会者とよく打ち合わせをし，持ち時間を決めましょう。また，授業者とお互いにどんなことを言うかも打ち合わせして，つながりのある説明にしましょう。

# 気持ちを1つにするための 役割分担

 **役割があることで気持ちがまとまる**

研究授業本番では，授業者の先生はこれまで積み重ねてきたことを基にして，大勢の先生の前で精いっぱいの力を発揮します。これまで共にがんばってきた部会の先生方も役割があることで，がんばろうという気持ちが1つになります。

また，本番の研究授業こそ，しっかりと役割分担することで，研究の成果を得て，課題を認識していく大事な場となります。

 **観察対象を分担する**

授業の中の手立てが効果的かどうか，苦手な子，得意な子，中間の子，のおよそ3つのレベルの子どもをピックアップし，分担して観察していきます。このとき，部会の中で参観する先生方の人数が6人いれば，1人の子どものところを2人で見ていきます。

こうすることによるよさが，2つあります。

1つは，**記録の落ちをなくす**ことです。子どものつぶやきなど，1人が聞きもらしていても，もう1人が聞いていれば記録していくことができます。

もう1つは，**解釈の精度を上げる**ことです。授業の後，子どもの姿を振り返る際，子どもの意識の解釈が一致しない場合があります。そのとき，2人で検討することにより，お互いに1人では見えていなかった子どもの姿が見えてきて，子どもの意識について，より客観的な分析を行うことができます。

2人組をつくる際，できれば，ベテラン＋若手という組み合わせをつくり

ます。若手の先生にベテランの先生の授業を見る眼力を学んでもらうためです。

 **事後のまとめを依頼する**

　研究授業はそれを見て，後の授業研究会で話し合うことが一番の研修です。けれども，それで終わってしまってはもったいないです。

　研究授業が終わった後，もう一度集まり，成果や課題を改めてまとめることで，研究したことが共有できます。

　そのためには，**お互いが記録したことを基にした考察を持ち寄ることが大切**です。以下のような簡単な用紙をつくって，授業の次の部会までに記入してもらい，それを持ち寄って振り返ります。

---

研究授業　記録・分析用紙

お名前（　）

観察班（　　）児童（　　　　）

| 言葉による見方・考え方の共有に関して | 子どもの姿 | 考察 |
| --- | --- | --- |
|  |  |  |

| 対話的活動について | 子どもの姿 | 考察 |
| --- | --- | --- |
|  |  |  |

---

**CHECK!**

　分担は授業前最後の部会で行います。また，分析用紙もそのときに示して，当日行うことへの責任感と，終わった後のもうひと踏ん張りの意識をもってもらいます。

# 授業者が元気になる
# 言葉かけ

 **まめなコミュニケーションを大切に**

　もうすぐ研究授業。

　研究授業で行う内容が含まれる単元の学習も始まりました。

　この段階では，授業者とできるだけ多くコミュニケーションを取るように努めます。ただし，授業者は一番忙しいときなので，長い時間会話することは避け，1回の会話の時間は5〜10分くらいにします。

　このときは，2つのことについて話します。

　1つは，**授業の中での子どもたちの姿**です。本番の研究授業は，その単元の学習の積み重ねのうえに成り立つものです。ですから，研究授業前の授業での子どもの姿として，こちらが想定している程度に達していない子が多いようだったら，指導案を修正する必要があります。また，授業の中での子どもの姿を知っておくことで，その子に打つ手立てを考えることができます。授業が近づくほどに授業者には迷いが生ずる場合があります。授業の中の子どもの様子を根拠に，「この方向で大丈夫」ということに関しては安心する言葉かけを，そして，「修正すべき」と判断したら，授業者になったつもりでアイデアを出しましょう。

　会話内容のもう1つは，**教具等の準備に関すること**です。授業で使用する予定のワークシートの印刷等，間に合っていないものについては積極的にやってあげることが必要です。

## 「がんばろう！」と思える研究授業当日に

研究授業当日の朝。

部会主任は，授業者が学校に来る前に授業学級の教室を見に行きます。

静かな教室を見ることで，授業者のこれまでのがんばりが伝わってきます。

その際，もし雑巾が散らかっていたら片づけたり，紅白帽子やプリントが床に落ちていたら拾ったりしておきましょう。

ただし，**授業者が気がつかない範囲で行うことが肝心**です。

授業者が職員室に入ってきたら，あいさつの声をかけます。

このとき，**授業者にたくさん声がけすることは禁物**です。

授業者は，昨夜布団に入ってからも授業のことが頭を駆け巡り，目を閉じながら授業のシミュレーションを何度も繰り返していることでしょう。

学校に来ても，頭の中は授業のことでいっぱいでしょう。

朝，部会主任は笑顔であいさつし，「がんばろうね。何か足りないことありますか？」と言う程度で十分です。

授業が始まる前，部会主任は教室に５〜10分程度早めに行きます。

授業者は緊張のピークに達している場合が多いので，部会主任が早く行くことで授業者は安心します。そして，まず何か足りないことはないか尋ねます。プリント等足りないものがある場合には，急いで準備します。そうでない場合には，授業者が授業に集中できるひと声をかけます。

「子どものことだけ考えて授業してくださいね」など，**授業者の個性に応じた声がけをしましょう。**

**CHECK!**

授業者の先生は，部会主任がそばにいてくれるだけで安心するものです。できるだけ早く教室に行き，授業者に声をかけたり，授業学級の子どもたちに声をかけたりして，教室の空気を柔らかくしましょう。

# 授業者に安心感を与える
# ２つのポイント

 **部会主任の表情が授業者の心理を左右する**

　授業を進めていく授業者は，よほど自信のある人は別として，参観する先生方の反応が気になるものです。

　部会主任が温かなまなざしで授業を参観することで，授業者の気持ちはほどけ，自信をもち授業を展開していくことにつながります。

　特に，部会主任の反応は，授業の成否を左右する大きな要素になります。そこでそのポイントを２つ述べます。

 **ポイント１―意識的な笑顔**

　大人の顔は，まじめな表情をしていると，不機嫌さや威圧感などをまとってしまうことが多くあります。機嫌が悪いわけではなく，授業の展開について一生懸命考えているのに，何となく機嫌が悪そうに見えてしまうものです。

　従って，研究授業を参観している際には，意識して笑顔でいる必要があります。そうすることによって，授業者がリラックスすることにつながります。

　授業が停滞してきたり，雲行きが怪しくなってきたりしたときにも，心配そうな表情にならずに，笑顔でいることが重要です。むしろ，**そういうときこそ，「大丈夫です」という気持ちを込めて笑顔でいることで，授業者が落ち着きを取り戻すことにつながります。**

 **ポイント２―発問へのうなずき**

　笑顔と並んで大切なことは，発問に対して軽くうなずくことです。

指導案に書いてあるような発問に対してもそうですが，**授業展開の中でとっさに出す発問，あるいは指示に対して，「なるほど！」といった感じでうなずくことで，授業者は大いに自信をもちます。**部会主任がうなずいている姿，つまり，授業を肯定的に見ている姿は，授業者以外にも大きく影響を与えます。肯定的に見ていれば，参観している先生方も何となく柔らかな表情になっていったりするものです。

## やってはいけない2つの行為

絶対にやってはいけない行為が2つあります。

1つは，**授業者と視線を合わせないこと**です。耳で発問を聞き，視線は子ども観察をしているだけであっても，冷たい印象になります。

もう1つは，**発問に首をかしげること**です。そうしたい場合もあるでしょうが，せっかくがんばっている授業者の心を折ってしまいます。

**CHECK!**

　授業者は，一番この授業のことを理解してくれている部会主任の表情をよく見ています。授業者が少し迷っていると感じたときほど，表情でエールを送りましょう。

# 授業が終わったらやるべき 2つのこと

## 勝負はここから

45分，ないしは50分の研究授業が終了。

これまで長い間がんばって準備を重ねてきたからこそ感じる安堵感があります。

けれども，たいていの場合，この後には授業研究会が待っています。それまでにやっておくべき2つのことがあります。

## やるべきこと1—具体性のある言葉で授業者をねぎらう

言うまでもありませんし，自然とそういう感情になるものですが，がんばって授業を提供してくれた授業者にねぎらいの言葉をかけます。

黒板に貼った模造紙を一緒に片づけたり，子どもに書かせたワークシートの整理をしたりしながら，たくさんのねぎらいの言葉をかけたいものです。

授業終了直後の授業者は，自分の授業がよかったのか，まずかったのか，とても気になっています。

むしろ，「こんなところで失敗した」「あそこでこんな切り返しをすべきだった」というように，授業をマイナスに捉える傾向の方が強いものです。

部会主任としては，授業のよかったところを授業者に伝えるのですが，漠然とした「子どもたちみんながんばってましたね」というような言葉かけだと，慰められているような気になってしまいます。さらに，自分の授業でここをがんばったという意識のある先生だと，部会主任の授業を見る目を疑われてしまいます。

　よかったことを具体的に伝えるには，３つの視点があります。１つは，研究の視点に合わせた発問・指示等のよさです。２つは，突発的な出来事，予想していないことに対する対応のよさです。３つは，子どもの動きのよさです。特に，普段授業にはまらない子など，授業者にとって捉えにくさを感じている子のよい動きを伝えてあげることが大切です。

###  やるべきこと２—教室に帰る先生方の言葉を拾う

　先生方の授業に対する正直で現実的な評価は，授業研究会ではなく，研究授業から自分の教室に帰る間の雑談でなされます。授業研究会では，「あるべき姿」を求めた発言をしなければならないという雰囲気が漂いますが，雑談にはそんな制約はありません。「子どもがわいわい発言していたけど，それだけだったね」とか「きれいな授業だったけど，普段から子どもたちが厳しく抑えられているんだろうね」といった辛辣なコメントも聞かれます。

　授業へのひがみから出る言葉もありますが，**辛口のコメントは自分たちが行ってきた研究の視野を広げるためには，実は重要なヒントだったりします。**

　こういった本音を探るために，先生同士が話しているのをそばで聞くこともできますが，部会主任から直接尋ねてもよいでしょう。その際肝心なのは，当然ながら，謙虚に聞くということです。授業の批判をしたら，怒り出すのではないかという雰囲気だと話してはもらえません。本音を聞きたいという気持ちで聞くことが大切です。

　このとき，もう１つ大切なことは，**拾った言葉を評価のすべてだと受け止めないこと**です。見方の１つとして聞くことが大切です。

> **CHECK!**
>
> 　部会主任は，チームに対する深い思いやりと，自分たちの姿を俯瞰して捉える目をもつ必要があります。授業が終わった後は，それらを発揮する必要があります。

# 授業研究会の行方を決める 2つの投げかけ

 **実り多い研究会は引き締まった議論から**

　次のような授業研究会は，実り多いものとは言えません。

　１つ目は，授業を見る視点と関係のない発言が頻繁に出される研究会です。そうなると，議論が拡散してしまい，思考が深まっていきません。

　２つ目は，具体的な子どもの姿がまったく語られない発言が出される研究会です。そういった発言が多く出される研究会は，議論が抽象的になっていきます。せっかく，生の子どもたちの姿に触れ，声を聞いたことが無駄になってしまいます。

　３つ目は，子どもの姿のみが報告されたり，そこに批判が加わったりするものです。観察した子どもの姿が報告されることそのものは，意味のあることです。が，それで次の話題に移ってしまえば，子どもの姿を出した意味がありません。子どもの具体的な姿が表れた原因は何かを考えていくことが大切です。また，指導の課題が表れた子どもの姿を取り上げ，授業者を批判することで終わってしまうのももったいないことです。「こういう指導には課題がある」とわかっても，どうしたらよいのかが見えてこないと，授業で見えた課題を生かすことができません。

　授業研究会は，授業参観の視点に沿い，具体的な子どもの姿を根拠にした生産的な意見が交わされる場でありたいものです。そのためには，研究会冒頭での部会主任の２つの投げかけが大切になります。

 **投げかけ１―研究の視点の再確認**

　１つは，研究の視点を再確認することです。

　事前検討会の際にも，具体的な授業場面や期待される子どもの姿を取り上げて，先生方の理解を図っているので，部会で示した視点で授業を見てくださっている先生は多いと思います。

　けれども，部会の側で見てほしい視点とは関係なく授業を参観した先生も中にはいるでしょう。

　また，自分なりの授業づくりの考えをもっていて，それを語りたいという先生もいると思います。

　**研究会の後半でそういったある程度幅のある意見を述べる時間をとってもらうようにして，研究会の中心は授業の視点に沿った話し合いをする**ことが，その視点に沿って研究を重ねてきた部会にとって，また，研究会の話し合いの軸をつくり，議論を深めるためには，望ましいことです。

### 投げかけ２―代案を求める

　授業研究会では，当然部会が示した提案に対して批判的な意見も出されます。そのときに，できるだけ「自分ならこうする」といった代案を出してもらうようにします。

　実際，課題を指摘して批判をするのはそれほど難しくはないことです。それに対し代案を出すことは，発言者自身の授業力を試されることにもなり，難しいものです。けれども，**参加した先生方が代案を出すようになると，授業研究会の空気は前向きなものになりますし，明日の授業に生きる授業研究会になります。**

> **CHECK!**
>
> 　視点に基づいた発言，代案を出すことについて，部会主任が言えるようなら部会主任が伝え，そうでなければ，司会者の先生にしっかりと言ってもらうようにしましょう。

# 授業研究会が終わった直後に 行うべき３つのこと

 **一日の終わりを充足感と課題が見つかるひとときに**

　授業研究会が終わると，長い一日もようやく終わりが見えてきます。これまで長い間積み重ねてきた苦労ももうすぐ終わりとなります。

　個人の思いとしては，ほっとするものがありますが，部会主任としては，授業研究会が終わった後，少なくとも行うべきことが３つあります。

 **行うべきこと１―授業者への言葉かけ**

　まず，授業者への温かな言葉かけです。

　確かに，部会主任も部会をまとめたり，研究を進めていったりする中でものすごく大変で，苦しい思いもしてきたと思います。けれども，部会の中で最も大変な思いをしてきたのは授業者を引き受けてくれた先生です。

　まず，忙しい中授業者引き受けてくれたことを含め，心からお礼を伝えたいものです。

　そして，ここからが肝心な点です。授業研究会の様子を基にした言葉かけをします。

　例えば，授業に対して厳しい意見が多くあげられた研究会の後だったら，授業者の心は晴れ晴れしていることはほぼなく，自責の念をもつ先生が多いと思います。けれども，授業者は部会の提案として授業を行ってくれたわけです。自責の念をもつべきとしたら，それは部会主任自身です。ですから，**授業者の肩の荷を下ろすような言葉かけが必要**です。

　反対に，授業に対して肯定的な意見が多く語られた研究会では，授業者の

がんばりをたくさん称えることが大切です。当然部会でも指導案を練っているのですが，**授業者自身ががんばったことで好結果に結びついたという気持ちで声をかけたい**ところです。

　また，研究会で出された意見や助言者からのコメントの整理をすることも必要です。**部会で設定した視点とは離れたところで批判等がなされた場合には，それはまったく気にする必要がないことを強く伝える必要があります。**部会での提案に沿ってあげられた成果や課題について確認しましょう。

 ## 行うべきこと２─部会の先生方への感謝

　これまで様々に活動してくださり，授業中は子どもの記録を取り，授業研究会では，会議の記録を取ったり，グループ討議で司会をしたりするなど，当日がんばってくれた部会の先生一人ひとりに感謝を伝えます。

　その際，**部会の先生が記録を取っていた子どもの様子について具体的に感想を含めながら話すことが大切**です。

　部会の先生方一人ひとり忙しい中分担された仕事をやってくれたわけです。任せてほったらかしにするのではなく，「ちゃんと先生の働きっぷりを見ていました。ありがとうございました」という気持ちがそこから伝わります。

 ## 行うべきこと３─助言者への質問

　ほっとして忘れがちなことですが，授業や研究会で感じた課題，助言者の言葉で不明なことを校長室等で聞きます。なかなかできないことですが，**そういった姿勢が，研究をより質の高いものにしていきます。**

> **CHECK!**
> 　部会主任は，一番がんばった授業者に対して感謝を伝えるのはもちろん，部会の中で一番目立たなかった先生にも同じ強さで感謝を伝えることが大切です。

# 「この部会でよかった！」と思える まとめにするための３つのポイント

 **最後の部会を最高の部会に**

研究授業が終わった後に行う最後の部会。

授業が終わった後，それぞれの先生方には自分で観察した子の記録を基にしたまとめを行ってもらうので，部会の日は，授業を終えてから２～３週間程度空けます。

この部会で，先生方には，例えば「半年間，部会にかかわってきて，いろんな分担があって面倒なこともあったけれど，勉強になったなぁ」と思ってほしいものです。

そのためには，次の３つのことがポイントになります。

 **ポイント１―研究授業を全員で総括する**

先生方には，研究授業で分担したそれぞれの子どもの様子を基にした分析を話してもらいます。

２人の先生で１人の子を観察した場合でも，基本的にはそれぞれでまとめてもらったものをそれぞれで話してもらいます。子どもの様子の見方はだれもが同じというわけではないので，２人の見立てがずれている場合があります。そこが大事なところです。子どもの姿のいろいろな見方を学ぶことができます。

授業から少し時間が経っているので，部会のはじめは何となく実感がわかないのですが，報告がなされるにつれ，当日のことが全員の頭の中にくっきりと浮かんできます。

##  ポイント２―明日の授業に生かせることを出し合う

　研究授業の目的が，研究授業を行うこと自体なのはむなしく，意味のないことです。明日の授業に生かせるものを求めて行うことに研究授業の意味があります。最後の部会の最後で，自分たちが積み重ねてきた研究で明日からの授業に生かせることについて意見を出してもらいます。このとき生きてくるのが，**年度当初に立てた焦点化した研究テーマ**です。テーマが絞られていると，研究内容も具体的で焦点的になるので，授業に生かしやすくなります。

##  ポイント３―余計な仕事を残さない

　ここが先生方にとって最もうれしいことかもしれません。「この部会での仕事は以上ですべて終わり」ということを伝えます。研究のまとめをつくる場合もあると思いますが，最後の部会での先生方の報告を使えば，部会主任が１人でつくれるでしょう。

**CHECK!**

　最後の部会でこれまでのお礼をしっかりと先生方に伝えるとともに，最後の部会を，これからのお互いの授業をよりよくするためのヒントになるようなものにしましょう。

Part **2**

第 2 部
全校の研究主任になったら

## 第 1 章 全校の先生と授業研究をつなげるために

Chapter **1**

# 知識のひけらかし，自慢は禁物

 **気分よく受け入れてもらうことを第一に**

　全校研究主任の仕事は，自分の実践してきた「すばらしいこと」を全校の先生方に披瀝することではありません。

　全校の先生方の個々の力を発揮してもらい，それを意味づけ，広げていくことが主な仕事です。

　時折，附属小・中学校経験者で，一般の公立校に来て研究主任になった先生が，着任早々自信満々で自説を展開し，その学校の先生方みんなに嫌われるということがあります。**どんなに優れた考えでも，受け入れる側に支持されなければ意味はありません。**

　まず，研究主任としての自分に親しみをもってもらい，先生方が何を課題としているか理解することが大切です。

 **自己紹介で自慢しない**

　その学校に昨年度もいた場合には必要ありませんが，転任して赴任早々全校研究主任になった場合，先生方の注目は大きいものです。「今度来た研究主任さんは厳しい人かなぁ」とか「研究のことをたくさんやらされたら嫌だなぁ」と思う先生は多くいます。

　そんな中での自己紹介で，自分のこれまでがんばった実践を話すのは逆効果です。「やっぱり今年の研究大変そうだ…」と先生方は思ってしまいます。

　**赴任早々で全校研究主任になることそのもので，十分先生方に実力は伝わっています。**自慢話は NG です。

##  自己紹介で失敗談を

では，何を語ったらよいか。それは自分がこれまでに失敗した話です。「今朝，本校に来るときに，間違えて前任校の方に向かってしまいまして…」といった話や，「前任校では仕事が遅くて毎晩10時くらいまで学校にいました。本校では，毎晩10時には寝ていられるようにしたいです」といった話など，聞いている先生方がほっとするような話をすることが，先生方に心を開いてもらうきっかけとなります。

##  徹底した聞く姿勢

研究主任として赴任した場合でも，校内人事で研究主任になった場合でも，まず大切にしたいことは，先走ってしまわないことです。

まずは先生方の実態を知ることが大切です。先生方一人ひとりがこの学校の授業についてどんな課題をもっているのかを把握することが，全員で授業改善に取り組むための土台となります。

**CHECK!**

責任の重い全校研究主任。他の先生に負けないようにと思えば思うほど，自分の考えに執着し，まわりがついてこなくなります。組織では，他の先生方を生かすという発想に立つことが大切です。

# ３つの世代別の
# 接し方のポイント

 **力が重なるほど全校の授業がよくなる**

校内には様々な年代の先生がいます。

それぞれの先生のタイプに合わせて，そのもてる力を頼りにしていきましょう。

一人ひとりの先生が自信をもって自分の力を発揮することによって，授業は楽しくなっていきますし，子どもの力も底上げされます。

 **世代１—ベテランにはとにかく「頼る」**

最も頼りにしたいのはベテランの先生です。

研究主任の自分より年上のベテランの先生方に大事にしてもらえるか否かで，研究は大きく変わってきます。

例えば，研究主任の考え方に共鳴してくれるベテランの先生がメンバーにいる部会では，研究は建設的に進んでいきます。率先してアイデアを出してくれたり，授業者の後押しをしてくれたりします。

一方で，研究主任に対して様々に異論があるベテランの先生がメンバーにいる部会では，気持ちよく研究は進んでいきません。

会議をしている中で部会主任から活動の提案があっても，反対意見を述べたり，随分方向性の異なる代案を出したりすることは，様々な経験を積んでいるだけに造作もないことです。

そういった大人げないことはせず，会議中はまったく発言しないという方もいます。

　ベテランの先生は行動，言動の影響が大きいものです。

　ベテランの先生は様々な経験をしています。様々な知恵をもっています。そういった**ベテランの先生の歩みに対して素直に敬意をもち，頼りにして，教えていただきたいという姿勢を研究主任がもつことで，ベテランの先生方の協力は得やすくなります。**

 ## 世代2―中堅からは「こだわり」を学ぶ

　中堅の先生方の多くは，**自分の「こだわり」をもち，そこに高い価値をもっています。**

　どんなこだわりをもっているのかを聞き，研究の中でぜひこだわっているところを先生方に伝えていただくように働きかけます。

 ## 世代3―若手には「理想」を語ってもらう

　教師になったばかりの先生は，**やがて中堅やベテランになったときには忘れてしまっているような，自分なりの「理想」をもっている場合が多いもの**です。

　どんな熱い気持ちをもっているのかを教えてもらい，応援することで，研究が活性化します。

　その際，話しているうちにだんだんと先輩風を吹かせ始めてしまうのではなく，今どんな考えをもっているのかを真剣に聞くことが肝心です。

**CHECK!**

　ベテランの先生に話を聞くには，その先生の教室に行くのが一番のおすすめです。職員室で聞く場合も「教えていただきたいことがあるのですが，お時間をいただけますか」と丁寧な姿勢で敬意を示します。

# 校長先生との
# コミュニケーションの取り方

 **学校にはいろんな「正しい」考え方がある**

　子どもたちの実態を捉える視点や，学力向上を図るための方策は様々あります。自分が見ている子どもの姿によって違いますし，年代や経験などによっても異なります。１つの方向性をもって学力向上を図りたくても，異論が多く出る状況ではその願いはかないません。その突破口として大変重要なのは，校長先生に味方になっていただくということです。

 **校長室にどんどん通う**

　４月，子どもが登校する前の新年度準備期間中に，校長室を訪ねます。できれば，４月１日，あるいは４月２日など，できるだけ早いうちがよいでしょう。

　その理由は３つです。

　１つは，子どもがまだ登校していないので，多少時間の余裕があるということです。

　２つは，できるだけ早いうちに今年度の学力向上に関する具体的な取組の方向性を示すためです。

　そして３つは，<u>やる気を示すため</u>です。全校研究主任にはじめてなった先生が学力向上への熱い思いをもち，４月早々校長室を訪れる。校長先生にとってはこんなにうれしいことはありません。応援する気持ちを強くもってくださることでしょう。

　これまで在籍していた学校で研究主任になった場合は，昨年度までの状況

から感じている課題や改善への方向性を校長先生に伝えましょう。すると，校長先生がお考えになっている課題，方向性もお聞きできると思います。そうしたら，次の訪問では，校長先生の指導を基に自分で考えたことを伝えます。こうすることで，校長先生のお考えを受けたうえで，研究主任が考えた学力向上への方向性がつくられていきます。また，その結果として，例えば職員会議での研究主任の提案に校長先生が意味づけをしてくださるなど，様々な場面で応援が得られます。

　なお，**新しく赴任した学校で研究主任になった場合は，本校の課題について校長先生に聞きに行くことからスタートしていきます。**

　また，ここで示したのは，4月スタートの様子ですが，例えば，研究授業の前でも，学力向上に関する校内研修等でも同様です。

　校長室のドアをノックするのに遠慮はいりません。

　どんどん通いましょう。

### 「校長先生がこう言っています」は禁句

　この取組が大失敗する発言があります。

　それは，他の先生方に学力向上等について説明したり，会話したりする際，「校長先生もこのように仰っていました」というひと言です。このように言われたら，この案に対する検討は終了です。研究主任の上から目線は反感を買い，さらに，研究主任の主体性を問われます。**校長先生とたくさんコミュニケーションをとることは大切ですが，最終的には自分の考えに責任をもちましょう。**

**CHECK!**

　全校研究主任として，自分はこの学校をどうしたいのかという思いがまずあることが大切です。そのうえで校長先生の指導を受けましょう。校長先生に頼りっぱなしでは，先生方からの信用は得られません。

# 4月の部会主任会でやるべき3つのこと

 **部会主任が研究の柱**

　全校研究主任が，いずれかの教科の部会主任を兼任していなければ，実際の校内研究で研究テーマの具現に向けた具体的な取組を行うのは，各部会となります。

　従って，各部会の主任は，研究を進めていくうえでの屋台骨となります。

　4月のはじめ，できれば各部会が動き出す前に，研究主任と部会主任が集まって，1年間の研究の方向について共通理解をする部会主任会を行いたいものです。

　そうすることで，各部会の足並みがそろい，研究も全校で統一感のあるものとなります。

　部会主任会を行う際，押さえるべきポイントは次の3つです。

 **やるべきこと1—意識の統一**

**研究内容よりも何よりも，まずは研究主任と部会主任の気持ちがそろっていることが大切**です。

　「研究授業のための研究ではなく，研究をすることによって，学校全体の授業力を高めるという目的で部会を運営していきましょう」とか，「教科研究の時間は開始時刻を守り，定時には会議を終了させましょう」といった研究の根幹にかかわることや，決めておかないと後で不公平感につながることについての意識統一を図ります。

　まず，全校研究主任から，研究そのものに対する考えを述べ，そのうえで，

部会主任の先生方から意見を出してもらいます。

　そのうえで，各部会で共通して取り組んでいくことを決めます。

##  やるべきこと2―研究テーマの共通理解

　今年度の研究テーマは，たいていの場合，前年度末に決まっています。

　校内人事で研究主任になった先生は，春休みの間，研究テーマが具現化された姿，研究テーマに迫るアプローチ等について考えておくことができます。

　転任して研究主任となった先生は，できれば前任校に在籍中，転出先の学校に事務連絡に行ったりしたときに，校長先生から次年度の研究テーマを聞いておくと準備ができます。

　部会主任会では，研究主任から研究テーマについての自分の解釈を伝えます。その際大切なことは，**各部会で研究する教科等に合わせた具体的な姿を示すこと**です。そして，各部会主任からも同様の点について語ってもらいます。

　こうすることで，各部会のテーマを決める際に，全校研究テーマに沿ったものができることにつながります。

##  やるべきこと3―研究スケジュールの調整

　研究授業を実施する時期が接近していると，授業を自習にする機会が一時期に集中するなど，生徒指導面での影響が大きくなります。

　そこで，部会主任会の段階で，**各部会の研究授業の実施時期の希望を聞き，実施時期が重ならないようにします。**

> **CHECK!**
>
> 　意識統一，研究テーマ，スケジュールについては，簡単なレジメをつくって話し合いの材料とします。そして，決まったことは，各部会で先生方に知らせてもらい，全校で情報を共有します。

# 研究の柱が定まる 「合言葉」のつくり方

 **キーワードがあると研究の柱が定まる**

　研究を全校で推し進めていこうとするときに，合言葉1つあるだけで，とてもまとまりがよくなります。

　全校研究テーマは，あれもこれもと入れているうちに，あるいは，角度づけを丁寧にしているうちに，結構な文字数になる場合があります。

　そして，先生方は全校研究テーマを日々確認してから教室に向かうわけではありません。

　文字数が多く，とても覚えられない研究テーマだと，先生方がそれを意識して授業することは困難になり，結果的に全校の授業改善の統一感もなくなります。

　一方，研究テーマそのものはある程度の文字数をもっていても，例えば**「見通し」「振り返り」**など，**「今年の授業づくりでこれだけは落とさない」というキーワードを決め，全員がそのことだけは必ず意識するようにすると，実践を伴う研究の柱をつくることができます。**

　それだけでなく，共通した取組を行うことで，課題の共通化が図られ，みんなで解決していく中，豊かな成果へとつながります。

　また，子どもにとってはどの学年・どの学級・どの教科でも共通した意識での指導を受けられることにより，安定した気持ちで授業を受けることができ，力もついていきます。

 **部会主任会で知恵を出し合う**

キーワードの決め出しは，4月当初の部会主任会で行います。

その利点は，以下の2つです。

1つは，**部会主任が課題意識をもち，主体性をもってもらえること**です。

各教科の研究を通して全校研究テーマの具現を図るために，どのようなことを大切にするかということを部会主任に考えていただくことで，部会主任の先生自体に当事者意識が高まります。

もう1つは，**部会内で共通認識をもってもらえること**です。

部会主任会で検討したことを，部会主任の先生には部会内で先生方に説明していただくことで，部会によるずれがなく共通した説明が期待できます。

また，キーワードの決め出しについては，2通りの考え方があります。

1つは，**全校研究テーマからそのまま言葉を抜くもの**です。これは，全校研究テーマで書かれていることがある程度具体的で，何をしたらよいかがわかりやすい場合です。

もう1つは，**全校研究テーマに至るための手立てとなるもの**です。全校研究テーマの文言が「思いを伸び伸びと表現できる子の育成」といったように抽象的な場合に行います。この場合だと，例えば「毎時間書く」といったようなキーワードをつくります。

## 常に意識できるための工夫を

設定したキーワードは，先生方に常に意識してもらえることが必要です。職員室の入り口等に掲示するなどの取り組みをしましょう。

**CHECK!**

キーワードが長くなってしまうと意味がありません。長くても10文字以内には収まるようにしましょう。そうする中，「必ずやるべきこと」も絞ります。

# 部会のテーマに確かな方向性を もたせる３つのポイント

 **部会主任と部会のテーマの相談を**

全校研究テーマを受けて，各部会では部会ごとのテーマを作成します。

部会では，その部会の先生方の意見をまとめるようにしてテーマを決めていきます。子どもの実態の上に立ち，部会の先生方の主体性を発揮していただくために，そのような手続きは非常に重要です。そこで設定するテーマに確かな方向性をもたせるために，部会主任の先生と部会のテーマについて相談しておきます。

その際，大切なポイントは３つです。

 **ポイント１―教科性を踏まえる**

各部会の研究は，一般的に各教科に分かれて行われます。様々な教科を窓口にして，テーマの追究をしていきます。

従って，各部会の研究テーマは，担当する教科の内容に沿ったものになることが相応しいです。そうすることで，研究を進めていく中で，その教科の特性が見えてきたり，教科との共通性が見えてきたりすることもあります。

部会のテーマを仮に考えてみたときに，**このテーマは他の教科でも使えるのではないかと思えてしまうものは部会テーマとして相応しくありません。**

けれども，その教科に対してある程度専門的な知識があれば教科性を踏まえたテーマを考えやすいのですが，そうでない先生が集まっている場合には難しいものです。

そのような場合には，学習指導要領の目標や指導事項をチェックすること

がとても参考になります。

## ポイント2―具体性をもたせる

　部会のテーマが抽象的であったり，幅が広すぎたりする場合，何をどうしたらよいのか，見当がつきません。研究をしていく期間は1年間の中でそれほど長くはありません。例えば，国語であれば，**「思いをのびのびと表現できる子」の育成のために，「話すこと・聞くこと」領域に絞り，その中でも「話すこと」に絞る，というぐらいの限定が必要**です。

## ポイント3―現実性をもたせる

　どんなに立派なテーマを掲げても，達成できなければ意味がありません。つい「言葉の見栄え」を気にしてしまいがちですが，先生方が実際にできそうなことを研究テーマとして掲げるようにしたいものです。仮テーマを立てたら，実際にどうなればよいのか，どうすればよいのかを部会主任と問い合い，答えられるようであれば，大丈夫でしょう。

**CHECK!**
　部会主任の先生に3つの視点を投げかけておくことでとどめることも大切です。できる限り，部会主任と部会の先生方に主体性を発揮していただくためです。

# 計画を立てる際注意すべき 2つのこと

 **1年の計が充実した研究につながる**

　部会の研究が確実に進むためには，しっかりとした計画が必要です。

　1年間で最も忙しい4月に立てるのはかなり面倒な気持になりますが，がんばって計画をしておくことで，後が楽になります。

　そして，コツコツと進めていくことで，研究内容も確実に充実したものになります。

　また，全校研究主任がそれぞれの部会の現在地を知ることができ，次の部会では，どの部会のお手伝いをしたらよいかを判断する材料になります。

　計画を立ててもらう際，次の2つに注意します。

 **注意点1—先生方の負担を重くしない**

　計画を立てるのは，先生方に負担をかけないという点でも大きな意味をもっています。運動会や，（授業者の先生が6年生の担任だったら）修学旅行前は大変忙しいときになるので，お互いの繁忙期には部会全員で集まらない，といったことに注意して計画を立ててもらいます。

 **注意点2—実行可能な計画を立てる**

　計画は立てても，それが度々変更になってしまうと計画を立てた意味がありません。そうなると先生方に予定外の負担をかけることになってしまいます。無理のない計画を立てるように話し，計画ができたら点検をします。

【全校研究テーマ】友との学びにより、自己を更新する子の育成

# ○○部会　研究計画

部会研究テーマ

授業公開計画

| 部会名 | 希望講師 | 希望授業日(第一希望) | 希望授業日(第二希望) |
|---|---|---|---|
|  |  |  |  |
|  |  |  |  |
|  |  |  |  |

研究計画　　※すべての日に部会を行う必要はありません

| 月日 | 内容 | 月日 | 内容 |
|---|---|---|---|
| 4/1 | 第1回部会主任会 | 9/28 |  |
| 4/6 |  | 10/5 |  |
| 4/13 |  | 10/12 |  |
| 5/11 |  | 10/19 |  |
| 5/18 |  | 10/26 |  |
| 6/1 |  | 11/16 |  |
| 6/8 |  | 11/2 |  |
| 6/15 |  | 11/9 |  |
| 6/29 |  | 11/16 |  |
| 7/6 |  | 12/7 |  |
| 7/13 |  | 12/14 |  |
| 8/24 | 第2回部会主任会 | 1/11 |  |
| 8/31 |  | 1/18 |  |
| 9/7 |  | 1/25 |  |
| 9/14 |  | 2/1 |  |
|  |  | 2/8 |  |

作成シートは，校務→R2年度→1教科指導→部会研究にあります。

4月末までに入力してください。

**CHECK!**

　部会主任の先生には，研究計画を立てることの趣旨をしっかりと説明し，理解を得るようにしましょう。また，計画は部会主任が単独で立てるのではなく，部会の先生方と共に考えるようにしてもらいます。

# 部会の研究に加わる 2つの目的と方法

 **部会の研究に加わる2つの目的**

　研究授業を提案するために実際に活動していくのは，それぞれの研究部会です。

　全校研究主任は，もし，自身が所属する部会がなければ，それぞれの部会の研究に加えてもらうことが大切です。

　部会の研究に，全校研究主任を加えてもらうことには，2つの大きな目的があります。

　1つは，**部会の研究と全校研究テーマ，部会テーマとをつなげるため**です。

　部会の研究は，全校研究テーマ，そして部会テーマに基づいています。

　けれども，実際に研究を進めていき，実践を報告し合い，まとめていく活動や，研究授業の指導案をつくる活動になったときに，それぞれのテーマに沿って考え，話し合うことは，かえって難しいものです。

　理由は，情報や要素の多さです。

　授業を行い，実践記録として要点をまとめる際，多岐にわたった子どもの発言・活動をテーマに沿った視点で絞るのは，子どもが活動すればするほど難しいものです。

　また，指導案を作成する際も，授業のねらいを設定し，展開を考えていく際に，どうやったら子どもたちが主体的に追究するかといったことを考えていく中に，きちんと研究テーマの視点を据えていくことは難しいものです。

　研究主任は，全校研究テーマを背負っている立場であるため，俯瞰的に部会の研究を見ることができます。現在行っていることが全校研究テーマや部

会テーマと関連しているかという目で部会の活動に参加し，意見を述べたいです。

　もう１つは，**研究主任自身の学びのため**です。

　すべての教科に精通している先生は，なかなかいないと思います。けれども，子どもを教える先生として，できるだけ多くの教科の授業を子どもにとって楽しくできるものとして行うことができれば，子どもにとっては幸せですし，授業を行う教師としても幸せなことです。

　部会の研究に参加させてもらうことで，各部会で扱っている教科の特性に応じた授業づくりについて自分自身がたっぷり学ぶことができます。

##  部会の研究に加わる２つの方法

　部会の研究に加わっていくための方法は２つです。

　１つは，**会議への参加**です。

　会議に出席して，自分も意見を出していき，研究に加わっていきます。ただし，ここで大事なことは，部会の先生方の意見を優先することです。研究主任がどんどん意見を出し，それを押しつけると部会の先生方全員に嫌われますし，部会の主体性を損ねることになります。出席する時期としてはまず４月の立ち上がりの部会に参加します。そして，部会内の授業を行うときの部会や研究授業ひと月前からの部会に参加します。

　もう１つは，**研究計画作成への参加**です。

　研究計画を部会内で立てていくときにも参加します。加除修正案を出し，自分の意見を伝えていきます。

**CHECK!**

　研究主任は，どの部会でどんなことをしているのかをきちんと把握していることが大切です。そのためには，各部会に積極的に参加することが必要になります。

# 部会の研究を支えるうえで 意識したい3つの観点

 **観点に基づいて部会の研究を支える**

　部会の研究に参加し，意見を出していくためには，研究主任の立場に基づいた観点が必要になります。

　主に次の3つが意識しておきたい観点です。

 **観点1―研究テーマとの整合性**

　部会の活動が，研究テーマと整合性の取れたものになっているかを判断することが必要になります。

　判断材料として最もわかりやすいのは，部会での先生方の発言です。研究テーマと先生方の関心がずれているなと感じた場合には，テーマからずれていることを指摘するのではなく，その発言とテーマを関連づける方向で考えます。「今の発言は，テーマに照らし合わせるとこういった位置づけですか」といった婉曲的な質問の形で確認します。

　そうすると，出された発言もその後の発言もテーマに関連づいてきます。

 **観点2―学習指導要領との整合性**

　部会で追究している内容が，各教科等の学習指導要領で示されている指導事項に当てはまらなくなっているという場合があります。

　子どもの実態に応じた研究をしているからこそ起きることですが，研究主任としては，せっかくの部会での取組を，学習指導要領の指導事項に合致させることが必要になります。

　学習指導要領やその解説を持参して部会の話し合いに参加し，話し合われていることが指導事項のどこに当てはまるのかを考えながら発言を聞きます。そして時折，**話し合いの内容と関連する指導事項を全体に確認します。**

## 観点3―研究テーマと学習指導案との整合性

　研究前半で追究してきたことの成果と課題に基づいて，研究授業の指導案が作成されるのが当然のことですが，実は意外と難しいものです。

　授業者自身は，研究の成果と課題に基づくつもりでも，**子どもの活動が1時間スムーズに流れていくかといったことに傾斜する傾向があります。**1時間の研究授業を引き受けた授業者ならではの責任感に基づくものですが，授業が研究とはずれてしまう危険性をはらんでいます。研究主任は「授業でのこの手立ては，研究のどことつながっているのか」といったことを丁寧に確認する必要があります。

**CHECK!**

　3つの観点は全校研究主任が意識するとともに，部会主任にも意識してもらえるようにしましょう。そして，基本的には，部会主任にチェックしてもらいましょう。

# 定期的な報告会を行う 3つのメリット

 **報告会を行うことの3つのメリット**

部会の研究を進めていく中で，お互いの様子を報告し合うことには3つの
メリットがあります。

1つは，**やっていることを共通理解できること**です。

報告会を行うことで，お互いの部会が何をしているのかを理解し合うこと
ができます。お互いに何をしているのかわからないという不安感が解消され
ます。

2つは，**刺激を与え合えること**です。

お互いの部会で同じことを行っているケースはありません。現在どんな取
組をして，どんな成果が上がり，どんな課題が出ているのかという進捗状況
を聞き合うことで，互いの部会に対して，「すごいなぁ」「よくがんばってい
るなぁ」という思いをもち合うことにつながります。

お互いが得た刺激は，それぞれの部会に反映されます。

3つは，**見通しをもつこと**です。

各部会の現状の課題と成果を共有したら，研究主任と部会主任とで，今後
の予定を話し合います。

4月当初に立てた計画に比べてやや遅れているようであれば，計画の修正
を行います。

たくさん行うことはできないですが，夏休み明けなど区切りのよいときに
定期的に行いたいものです。

##  中学校では教科主任会を

　中学校では教科主任の先生に集まってもらい，教科主任会を行います。

　全校研究テーマ具現のための視点をいくつか決めておき，取組を重ねてもらい，定期的に報告会を行います。

　学級担任制の小学校と違い，中学校ではお互いの教科で何をしているのかが見えにくいので，報告会を開くことで教科の特性に応じた授業づくりや教科を超えた授業づくりについて学び合える利点が大きいのです。

---

### 第2回教科主任会資料作成のお願い

学習指導部　小林

**1　各教科学習の様子の現状と課題**

①自分の考えの表現②友との交流③学びの自覚化の 3 視点に関する課題と方策を，5/19(退勤時)までに「先生フォルダ>学習指導部 R2>5 月生徒の課題と方策」に入力をお願いします。

|  | 自分の考えの表現 | 友との交流 | 学びの自覚化 |
|---|---|---|---|
| 国語 |  |  |  |
| 社会 |  |  |  |
| 数学 |  |  |  |
| 理科 |  |  |  |
| 音楽 |  |  |  |
| 美術 |  |  |  |
| 保健体育 |  |  |  |
| 技術・家庭科 |  |  |  |
| 外国語 |  |  |  |

---

**CHECK!**

　部会主任の先生に集まっていただく報告会にしても，教科主任会にしても，会議の時間は20分程度を目安にします。各主任からの報告も端的にしてもらい，話し合われたことはプリントにまとめ配布します。

# 事前検討会を行う
# ３つの目的と２つの方法

 **事前検討会が握る，研究授業充実のカギ**

　研究授業の１週間程度前に行う事前検討会。

　大きな目的は，次の３つです。

　１つは，**成果と課題の共有**です。

　部会でどのような研究を積み重ねてきて，どのような成果や課題が見られたのかを先生方が共通理解することで，それぞれの先生方の明日からの指導に生かしていくことができます。

　２つは，**研究授業の内容の理解**です。

　積み重ねてきた研究を基にしてどのような授業を行うのか，そして，それはどのような視点で見ればよいのかを知ることで，研究授業を見る意識が定まります。

　３つは，**研究そのものをよりよくすること**です。

　研究授業も含め，部会の研究は途上です。事前検討会で，研究の成果，課題や研究授業についての質問や意見を出し合うことで，学校全体で部会の研究に参加し，質を高めることができます。

　事前検討会で先生方が部会の研究や授業の内容をしっかりと理解することにより，研究授業参観の視点は焦点化し，授業研究会での発言の質も高まります。


　事前検討会のやり方には大きく２つの方法があります。

　部会のねらいに合わせてそれぞれの方法を使い分けることが大切です。

## 方法1─指導案説明型

主に指導案にまとめたことを説明していく方法です。

この方法のよさは，部会の研究が何を問題意識として取り上げ，どのような成果と課題が見られたか，そして，何のために研究授業を行うのかを筋道立てて理解することができるという点です。

説明中心なので，話が拡散的になってしまうと参加者の理解を妨げます。**説明はできるだけ研究テーマや研究の視点に沿って行うことが肝心**です。

## 方法2─模擬授業参加型

主に研究授業で行うことを実際に体験してもらう方法です。

この方法のよさは，研究授業の流れを理解することができるという点です。

一方，模擬授業の内容には様々な要素が詰まっているので，部会が検討してほしいと思っていること以外に先生方の関心が寄ることがあります。**模擬授業を行った後の意見交換の際，司会者は基本的に研究授業を見る視点に沿って発言を求めることが肝心**です。

## 質問・意見は出しっぱなしに

事前検討会では，必ず質問や意見を出す時間を確保しましょう。

部会では気づいていなかった課題やアイデアが得られることも多くあります。出された質問に部会から答えてもらう時間も短時間取りますが，様々な先生方の考えを出してもらうことを心がけましょう。

**CHECK!**

　事前検討会を充実させるための土台は，事前に指導案などの資料を配付し，先生方に目を通しておいてもらうことです。3日程度前には資料配付ができるようなスケジュールを組んでおきましょう。

# 研究授業の見どころを発信する 3つの効果

 **研究通信で研究授業の見どころを発信する**

　事前検討会も終わり，研究授業が目前に迫ってきたら，研究通信などを使って，授業の見どころについて先生方に周知することが必要です。

　授業の見どころを周知することによる主な効果は，次の3つです。

　1つは，**授業を見る視点の焦点化**です。

　事前検討会で，部会から授業を見る視点については説明がなされています。けれども，説明を受ける側は，1回の説明ではなかなか理解できていない場合もあります。

　従って，授業を見る視点について機会を捉えて繰り返し説明しておくことにより，参観者の視点の焦点化につなげます。

　2つは，**事前検討会で出された課題への回答の周知**です。事前検討会で課題になった点について，授業後の研究会になってからどんな対応をしたのかが説明される場合がありますが，そうするよりも，どんな対応をしたのかを授業前に知っておく方が，参観者はすっきりした気持ちで授業を見ることができます。

　3つは，**授業への期待感を高めること**です。「今回の授業の見どころはこれ！」ということがズバリ示されていれば，参観する側は「実際の授業ではいったいどうなるのだろうか」と期待が高まります。

 **言葉を絞り，ポイントを絞る**

　見どころを発信する際に意識したいのが，「絞り込む」ことです。長い文

章が連なっていれば，読み手はそれを理解するのに手間がかかります。従って，先生方に投げかける言葉は短く刈り込むことが必要です。また，見どころとなるポイントが数多くあると，結局授業を見る視点がぼやけてしまいます。**部会側で設定している授業を見る視点に沿って２つ程度にすることが肝心です。**

| Ａ市立Ｂ小学校　研究通信 | No.52　2020.12.1 |
| --- | --- |

# 輝

研究テーマ　共に学び，深まりを感じ合える授業づくり

# 言葉の言い換えの効果は?

11/26(木)の事前検討会ではたくさんの意見を下さりありがとうございました。12/4(金)は本年度最後の研究授業です。授業の見どころについてご案内します。

## 親友と友だちのちがいは?

「お手紙」でかえるくんが，がまくんにあてて書いたお手紙では「君の親友，かえる」とありました。国語部会では「親友」を「友だち」に変えてみたときの印象の違いから，がまくん，かえるくんの気持ちに迫ることを考えています。２年生の子ども達にとっての効果はどうでしょうか?

**CHECK!**

研究授業当日に見どころを発信しても，目を通す時間がありません。作成したものを部会の先生方にいったん見ていただいてから，遅くとも研究授業前日の朝には配付を済ませましょう。

# 授業研究会を充実させるための３つのポイント

 **「明日」につながる授業研究会に**

　授業研究会は，研究授業を通した部会からの提案に対して意見を出し合い，互いの授業をよりよくするために行うものです。

　そのためのポイントは，次の３点です。

 **ポイント１—冒頭で設定した視点を確認する**

　授業研究会は，設定した視点に基づいて研究授業を見て，考えたことを述べ合う場です。

　参観者が自分なりの視点で授業を参観し，自由に考えを述べ合う場ではありません。

　けれども，このことが実際の授業研究会では，なかなか徹底されません。そこで，冒頭で部会が設定した視点を確認し，それに基づいた意見が出されるようにすることが必要です。

　ただし，部会で設定した視点には基づかないけれど，どうしても言いたいことがある，という先生もいますし，そういった意見が本質をついているという場合もあります。そこで，視点に基づいた意見交換の後，自由に話す時間をとるということを冒頭で言い添えることも肝心です。

 **ポイント２—批判的な意見で終わらせない**

　授業で見られた授業者の手立ての課題が出されることは，よりよい授業をつくっていくうえで貴重です。

　けれども，それが批判で終わってしまうのはもったいないことですし，後味の悪さも残ります。

　批判的な意見を明日につなげていくためには，「…が残念だった」といった意見が出た後が大切です。

　研究主任が司会者だったら，「では，どのようにしたらよいでしょう？」のように，批判的な意見を述べた発言者や，全体に問い返します。司会者でなくても，質問の形で投げかけることはできます。

　このとき，代案が述べられる場合もあれば，沈黙の時間になってしまう場合もあります。**だれも発言しない場合，研究主任が「自分だったら…」と述べることも必要**です。批判に終わらず，明日につなげようとする姿勢そのものが先生方に影響を与えます。

## ポイント3－現実的かつ具体的な意見を求める

　授業研究会の傾向として，「実際にそんな授業できるの…？」というような理想の授業像が語られるだけで話が進んでしまう場合があります。

　また，意見が抽象的すぎて，実際にどうしたらよいかわからないという場合もあります。

　「では，今の意見に基づくと実際にどんな発問をしたらよいのか」といったように，**具体的に明日の授業のイメージを浮かべながらお互いの意見を聞き合い，よくわからないことは質問し，はっきりさせることが必要**です。

**CHECK!**

　批判するのは簡単ですが，提案するのは難しいものです。けれども，具体的な提案のある授業研究会は，明日が楽しみな気持ちで皆が終えることができます。

# 授業研究会の質を高める「サンドウィッチ方式」

 **形式によるメリット，デメリット**

全体討議による授業研究会は，授業づくりについての本質的な考えなど，質の高い考えを聞くことができる可能性が高い反面，発言者の偏り等のデメリットがあります。

グループ討議による授業研究会のメリットは，全員が発言できることと，授業の細部に目が行き届くことです。一方，デメリットも2つあります。1つは，会議の内容に深まりを欠く場合があることです。もう1つは，視野が狭くなることです。発言力の強い先生がいる場合，他の先生が反論しにくくなるので，全体討議以上に意見が偏ってしまう可能性があります。

 **サンドウィッチ方式の授業研究会**

そこで，**全体討議，グループ討議両方のよさを生かすために，サンドウィッチのような形で，全体討議の間にグループ討議を挟みます。**

まず，はじめの全体討議で，授業者の振り返り，討議の柱の確認，質疑応答を行い，グループ討議を行います。グループ討議，各グループからの発表の後，再び全体討議を行い，全員での意見交換を行います。

 **前向きに考え合えるグループ討議に**

グループ討議は，授業を提供した部会の先生方に司会をしてもらいます。そうすることにより，参加者からの質問にも対応できます。グループのメンバーにはあらかじめ共通の子，あるいはグループを観察してもらいます。グ

ループごとに観察対象は変えます。そして，観察した子を窓口にして意見を
出し合います。グループ討議の冒頭に授業を見る視点に沿って付箋に意見を
端的に書いてもらい，授業の段階ごとの成果，課題の欄に貼ってもらいます。
そして，付箋を基に意見交換をします。最後に「明日の授業への提言」をま
とめ，全体会で発表します。

| 段階 | 成果 | 課題 |
|---|---|---|
| 導入 | | |
| 展開 | | |
| 終末 | | |

「　　　　　　」部会　研究授業　グループ討議　記録模造紙　（　　）グループ
授業を見る視点1「　　　　　　　　　　　　　　　　　　　　　」
青の付箋に書き、模造紙に貼ってください
授業を見る視点2「　　　　　　　　　　　　　　　　　　　　　」
黄色の付箋に書き、模造紙に貼ってください

明日の授業への提言

**CHECK!**

　今回の研究授業を通して，全員で共有したいこととして，「明日の授
業への提言」をまとめて，発表し合うことで，部会からの提案を全員の
財産として生かすことにつながります。

# 研究授業翌日に研究通信を発行する2つのメリット

## 研究授業後にもうひとがんばりを

　研究授業が終わった後，研究主任にはもう1つがんばっておきたいことがあります。それは，研究授業の総括を研究通信などにまとめて，翌日の朝発行することです。このことを行うことによるメリットが2つあります。

## メリット1―共有したいことがはっきりする

　忙しい日常では，研究授業で得た成果もしばらくすると忘れられてしまいます。

　また，**学んだことは，そのイメージがはっきり残っているうちに確認することによって定着します。**そこで，研究授業で得た成果を翌日の研究通信で確認することで，先生方の授業力向上につなげていきます。

## メリット2―部会の先生方に充実感・満足感をもってもらう

　部会の先生方，そして授業者を務めてくれた先生は，授業研究会の中での先生方の発言や，助言者のコメントにより，今回の授業の成果や課題を認識していきます。一方で，それらは情報量が大変多いので，なかなかまとめきれないという側面もあります。

　そこで，研究主任が端的に授業の成果をまとめることで，研究内容に対する充実感につなげます。また，これだけの成果を得られたということに対する満足感にもつながります。

　パソコンに向かってから書くことを考え始めると時間がかかるので，授業

や授業研究会の中で，「今回の授業をひと言でまとめると何か」「よさを３つあげると何か」といったことを考えておきます。

# 12月から始まる
# 来年の研究テーマづくり

 **12月から始めることの意味**

　転任して研究主任になった場合，全校研究テーマは前年度の末に作成したものを使います。従って，次年度はいよいよ自分が中心になって作成した全校研究テーマの具現に取り組めるようになります。しかし，全校研究テーマは全校の先生方が授業づくりの考え方の土台とするものですから，研究主任が独断で決めるのは避けたいものです。むしろ，全員に現状を分析してもらい立案してもらうことが，全員で追究するテーマをつくるためには大切です。

　そこで，12月から研究テーマの立案をスタートすることをおすすめします。時間に余裕があるので，全員がかかわり，一人ひとりしっかり考えられるからです。12月の職員会議等の時間を10分程度いただき，研究テーマ立案のベースとなるものを説明します。そして，アンケートを複数回繰り返す中で，絞り込んでいきます。

　ベースになるものはあまり多いと考えにくいので，次の3つ程度にします。

 **ベース1―研究授業の成果と課題**

　12月くらいになると，おおかたの部会の研究授業は終わっていると思います。そこで，今年度の研究授業から見えた授業づくりの成果と課題を，それぞれ2点くらいにまとめて示します。

 **ベース2―各種調査**

　全国学力・学習状況調査や CRT，NRT，各自治体の教育委員会で独自に

行っている学力調査の結果も大切なデータです。

　研究授業では，その授業が資質・能力の育成につながったかについての客観的な検証をすることは難しいものです。

　一方，各種調査結果のデータは客観的なものではありますが，そこから生きた授業場面は見えてはこないでしょう。

　従って，研究授業と各種調査結果は補い合う関係として重要なベースになります。調査結果はもともとデータ量が多いので，**各学年の共通した成果・課題それぞれ2つ程度に絞って示すことが必要**です。

 ベース3―直近のキーワード

　3つめは，時代の流れに目を向けることです。学習指導要領改訂期等には様々なキーワードが飛び交います。**流行に飛びつくのではなく，自校の課題解決の手がかりを見つけるという目線でキーワードを読み解き，先生方に示します。**

**CHECK!**

　研究授業後の総括，各種調査結果が出るたびごとの授業改善への発信，そして日常的に教育雑誌に目を通すこと，これらを行っておくと，先生方が考えるための材料提供は比較的楽にできます。

Part 2

## 第2章　研究通信で全校の授業力をアップするために

Chapter 2

# 読んでもらえる研究通信に
# するための４つのポイント

 **読まれない通信に意味はない**

　校内では，様々な文書が発行されます。様々な係から出される，締め切りの期日が明記された依頼文書も数多くあります。忙しい朝，「あれもしなくちゃ，これもしなくちゃ」と思い，１日の仕事の段取りを考えて学校に来て職員室のメールボックスを見たときに，依頼文書を発見すると，１日のスタートが実に暗いものになってしまいます。

　授業改善に関する文書も，先生方にとっては負担となるものです。わかりにくい抽象的な言葉が並んでいたり，レベルの高い授業づくりへの提案が書かれていたりするのを読むことは辛いものです。そんなことより，今日１日をどう乗り切るかといったことで頭はいっぱいです。

　「依頼文書や研究通信のように，メールボックスに入っている文書は読んでいて楽しくないもの」という先生方の思いを変え，「朝，メールボックスに入っている研究通信を何気なく見たら，なんだか１日の元気が少しわいてきた」といったものにしていきたいものです。

　そのための４つのポイントを示します。

 **ポイント１—分量はＡ４片面が上限**

　１回の通信がプリント２枚裏表というものだったら，よほど時間と心に余裕のある先生でないと読めません。まずは，**分量をコンパクトにすることで読み手の気持ちの負担をなくし，読んでみようかなという気持ちにさせます。**再利用紙を使い，１回の通信はＡ４片面に収めます。

##  ポイント2―視覚的な工夫を施す

　A4片面でも，9ポイント程度の小さい字がびっしり並んでいたら，きっとだれも読まないでしょう。そこで，まず見出しを大きくし，通信を手に取った先生の目に文字が飛び込んでくるようにします。見出しに対応する本文は3行程度とします。見出しを見て関心をもった先生は本文を読みます。

　イメージとしては，職員室で研究通信を手に取った先生が教室に向かう5分の間に大まかな内容を理解できることをねらいます。

##  ポイント3―難しい言葉を使わない

　視覚に訴えるようにしても，書いてある言葉が難しかったり，抽象的すぎたりすると，読み手の心には届きません。だれもが知っているわかりやすい言葉を使い，具体的な内容を入れ，読み手が理解するために頭を使わなくても，するっと心の中に入っていくような見出し，本文の言葉を心がけます。

##  ポイント4―読み手の立場に共感的に

　研究通信には立派なことが掲げられているけれども，実際そんな取組はできない，と先生方に受け止められてしまうことがないようにしたいものです。むしろ，「書かれていることを今日の授業でちょっと実践してみようかな」と思えるような，心くすぐる内容にしたいところです。そのために必要なことは「共感」です。成績評価の時期，行事の前など，置かれている状況に応じた内容にすることで，読み手に安心感を与えることができます。

> **CHECK!**
>
> 　見出しの言葉は10文字以内を目指します。疑問形にすると本文を読んでもらえる確率が高くなります。見出しと本文の関係を抽象―具体にする，本文の話題の一部を切り取る，など，様々な工夫ができます。

# 少量，多発信にする
# 2つの効果

 **1回の分量を少なく，発行回数を多くする**

研究通信を発行する際，毎回の分量を少なくし，発行回数を多くすることには2つの効果があります。

1つは，**書き手の負担感が少ないこと**です。1回に発行する通信の分量をA4片面にすることは，読み手の負担を減らすとともに，文章を書く側の負担も減らすことになります。研究主任も学級担任をしていたり，その他の校務分掌があったりするので，研究通信をつくる手間はかからない方が助かります。

もう1つは，**幅広く情報を提供できること**です。1回あたりに書く分量を減らすことで，回数を多く書こうというエネルギーも沸いてくるものです。エネルギーが沸いてくると，どんなことを書こうかという気持ちになってきます。

 **12か月の話題のモデルパターン**

研究授業に関係したことばかり書いているのでは，読み手は飽きてしまいます。

せっかく先生方に読んでいただき，授業改善に役立ててもらうことをねらっているのですから，時期に合った話題を取り上げ，読み手の関心を引き出したいものです。

4月から3月までの話題としては，例えば，次ページのようなものがあります。

| | | | |
|---|---|---|---|
| 4月 | 学習習慣の約束事 | 5月 | 話を聞く子を育てる |
| 6月 | 学習課題の設定の仕方 | 7月 | 通知表の所見の書き方 |
| 8月 | 学力調査結果の考察 | 9月 | ２学期の授業づくりの柱 |
| 10月 | 研究授業の見方 | 11月 | 対話を大切にする授業 |
| 12月 | 次年度研究テーマ関連 | 1月 | ３学期の授業づくりの柱 |
| 2月 | 授業の振り返りの仕方 | 3月 | 今年度の成果と課題 |

このような柱をつくるとともに，折々で得た情報も紹介していきます。

# 使ってみませんか「授業アイディア例BOX」

　国立教育政策研究所から，全国学調で課題となった内容についてどんな授業を行うと効果的かをまとめた「授業アイディア例BOX」が届きました。これは，平成21年度から平成25年度まで，毎年，国立教育政策研究所が出した「授業アイディア例」を１つの箱にまとめたものです。

　内容によっては，高学年だけではなく，低・中学年でも使えるものもあります。「教育情報」コーナーに入れておきましたので，宜しければ，使ってみてください。

　裏面に「目次」を印刷しましたので，参考になさってください。

## 国語

　下に示したものは１学年と３学年の授業アイディアです（平成25年度版）。文の仕組みについて，楽しく学べるようになっています。

## 算数

　下に示したものは４学年の授業アイディアです（平成23年度版）。図や表を活用した授業の進め方が，分かりやすく説明されています。

**CHECK!**

　必要に迫られて行う校務に比べて，研究通信を作成することは後回しになりがちです。そうならないために，自分の中で毎月の発行日を決めてしまうのがおすすめです。

# 日常の授業への
# フォーカス

 日常の授業を知り合う

　研究通信には，日常の授業の様子を載せたいものです。

　研究授業は，部会の先生方の知恵を集めてできたものです。日常の授業よりも必然的に質の高いものになります。しかし，ともすると，普段の授業の様子とは少し異なる授業になることもあります。

　従って，研究授業から学ぶことは大きいものの，それを日々の授業にすぐ生かせるかという観点から見ると，少し難しいという場合があります。

　そこで，紹介し合いたいのが，お互いの日常の授業です。

　毎日の授業では，特別な準備を行うことはあまりありません。**お互いに普段やっていることを知り合うことで，明日から使える授業改善のアイデアを手に入れることができます。**

　そもそも，学年会や教科会などでも意識的に授業を見合う機会を取らなければ，お互いにどうやって授業をしているかはよくわからないことが多いものです。研究通信で日々の授業を紹介することによって，お互いの授業の様子を知り合うことができ，先生方同士の関係の風通しがよくなることにもつながります。

　校内には，特定の教科指導が得意な先生もいれば，特定の教科にかかわらず授業の落ち着いた雰囲気づくりが見事な先生もいます。

　そうしたそれぞれの先生の個性も踏まえて日々の授業を紹介することによって，お互いにもっているものが共有でき，学校全体の授業力の向上と互いへの尊敬につながります。

**授業参観から研究通信発行まで**

まず，授業を見せていただきたい先生のところに伺い，趣旨を説明し，お願いをします。断られることもありますが，その場合は無理してお願いすることは避けます。また，**年間を見通して計画的にお願いしておくと，依頼された先生は心構えをもつことができます。**

参観して学んだことは，研究通信で先生方に周知します。忙しい中授業を見せてくださった先生への感謝の気持ちを表すためにも，翌日には発行します。写真を撮っておき，文章とともに写真を掲載すると，臨場感が出ます。

---

**A先生の授業** ひとりになれる

A先生の写真

子ども一人ひとりが，自分の考えを，自信をもって表現することができる，そんな授業のためのヒントを，A先生の授業から幾つも感じました。

**自分と同じ意見に挙手**

誰がどんな考えをもっているか分からないとついつい不安になって自分の考えを表現するのに尻込みしてしまうことがあります。

自分と同じ意見に手を挙げることで自分と同じ考えの仲間がいることに安心して，言いやすくなります。また，授業への参加意識も高めることができます。

教室の子ども達の写真

---

**CHECK!**

この取り組みで絶対にやってはいけないことが1つあります。それは，授業で感じた課題を書くことです。よさだけを掲載することで安心して授業を見せてくださる先生が多くなります。

# 学力調査の結果を紹介するときの2つのポイント

 ## 改善につながるような調査結果の表し方を

各種の学力調査を行うと，その後，結果が学校に届きます。

表があったり，グラフがあったりして，多くの量のデータを目にすることになります。

これらのデータをそのまま研究通信に載せても意味がありません。先生方が気持ちを1つにして，授業をもっとよくしていこうという気持ちになることが大切です。

そのためには，2つのポイントがあります。

 ## ポイント1—あれもこれもと欲張らない

1つは，研究通信に載せるデータを焦点化することです。

全国学力・学習状況調査であれば，すべての問題の結果を載せても，数字とグラフが多くなって見にくいだけです。

必要な情報に絞って取り上げていく方が，読み手がよく理解することができます。元のデータは学校のサーバーに入れておき，先生方が自由に閲覧できるようにしておけばよいのです。

では，どんなデータを取り上げるべきでしょうか。

まず，**大きな変化や大きな差が見られるところ**です。

昨年度に比べて大きく上がったとか，全国平均値に対して開きが大きいといったところです。そういった箇所を3か所程度取り上げます。

## ポイント2―プラスの表現で期待を込める

　もし自分の指導している学年の結果が芳しいものでなかったら，誰でも落ち込むでしょう。数字を見ただけで気分は下がります。そこに追い打ちをかけるようなコメントは必要ありません。

　結果が芳しくない場合は，**昨年度との比較をしたり，日ごろの授業への取り組みを取り上げたりして，プラス表現につなげます。**

　そのうえで，今よりもっとよくなるためにはどうしたらよいかということについて，全校研究テーマや研究授業の成果等を念頭にコメントします。

# 昨年度より確実な向上

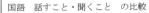

国語　話すこと・聞くこと　の比較

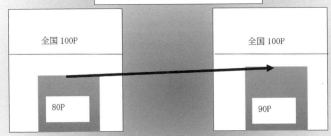

| 全国 100P | 全国 100P |
| --- | --- |
| 80P | 90P |

　国語の「話すこと・聞くこと」の領域での全国平均との差が縮まっています。「話すこと・聞くこと」の単元で『これだけは定着を!』という意識での授業づくりが実を結んできていることの表れですね。

**CHECK!**

　数字の裏には，指導している同僚の姿があります。通信を読むその同僚の顔を思い浮かべ，気持ちを思い浮かべ，そしてその後の取組を思い浮かべながら言葉を選びましょう。

# 全国，他県の動向を知らせる
# ２つのメリット

 **全国，他県の動向に疎い学校現場**

　例えば，新しい学習指導要領のキーワード，全国学力・学習状況調査で高い成果をあげている取組，インクルーシブ教育の最先端といった情報は，学校で授業をしているだけでは，ほぼ入ってこないものです。

　学校での教員の１日は，朝，授業の準備をし，日中は授業をし，放課後は会議に参加したり，校務を行ったりしているので，新たに情報をインプットする機会がないからです。

　けれども，やはり教師自身が新しい情報を知り，子どもたちの指導に生かしていくことで，その学校の子どもたちの力は高まっていくものです。

　そして，先生方に最新の情報を伝えていくのは，研究主任の大きな役割の１つです。

 **他を知ることのよさ**

　全国や県の動向を知ることのメリットは，大きく２つあります。

　１つは，**自分たちの学校の現在位置を知ることができる**ということです。最新の情報と比較することで，自分たちの取組が端的に言って進んでいるか遅れているかがわかります。

　もう１つは，**新たな視点を獲得できる**ということです。これまで考えていなかった視点に接することで，それを子どもたちへの指導に反映することができます。また，外国語，プログラミング等，新たなことへの対応についても，早く情報を獲得できれば余裕をもって対応することができます。

# 京に学ぶ

　6.12(木)に行われた市の学力向上研修会で，京都市の学力向上に関する取組をお聞きしました。以下紹介しますので，参考になさってください。

## 授業改善のポイント

### ねらいは明確に

　本校でも行っていることですが，京都市でも本時のねらいを導入ではっきり示すことで学力向上につながっているようです。

### 授業は45分

　45分の授業時間を守り，伸ばさないことが学力向上につながるということです。時間通りに始まり，伸ばさない授業で，子どもは集中できるのでしょう。

### ポスターセッションを

　質問する力や答える力がつき，思考・判断・表現力もついていくようです。子どもの興味がもてそうなことをテーマにやってみませんか。

### 家庭学習のポイント

○　授業とつながりのある家庭学習の内容を。
○　自分で学習する癖を。プリントよりも普通のノートに普通の勉強(今日の授業でやった問題をもう一回やる等)をする。先生はその良い例を示すことに力を注ぎたいということでした。

### (参考に)小中連携

○　京都市では，小6卒業時の春休みにおさらいをさせ，中学入学直後に確認テストを行っているそうです。
○　道徳の指導内容の小中連携を大切にしているそうです。

### 何のために学ぶ?

　子どもが，何のためにこの勉強をするのかという目的意識をはっきりもつことが，意欲や達成の原点になるということです。目的は将来なりたいものであったり，教科の本質であったり，日常生活のためであったりと，その射程距離は様々にあると思いますが，全ての活動のもとになる目的意識，大切にしていきたいと思いました。

**CHECK!**

　他から学ぶ情報には，これまで自分たちがやってきたことと共通するものも多くあります。そういったことも取り上げることが，先生方の自信と安心感につながります。

第2部
全校の研究主任になったら

## 第3章 参加しがいのある研修会，部会にするために

Chapter 3

# 時期に合わせ，先生の特技を生かす 研修会のつくり方

 **校内の先生方には様々な特技が**

　例えば，秋の校内図画展覧会。他を圧倒するような作品が，廊下に掲示されている学級があります。その学級の担任の先生は，きっと子どもたちに絵画の指導をすることに秀でた力をもっています。

　窓から見える校庭で行われている体育の授業。子どもたちが，流れるような動きでいきいきと活動を展開していきます。その学級の担任の先生は，きっと子どもたちに体育の授業の楽しさを味わわせることに高い指導力をもっています。

　ことに小学校では，学級担任が多くの科目を受けもつので，音楽，図工，体育といった実技を伴う教科の指導に対して苦手意識をもっている先生は多くいます。

　一方で，そういった教科の指導が優れている先生もいます。

　先生方の授業力を高めていくためには，そして，子どもたちが楽しく授業に参加し，授業に満足感をもち，確実に力をつけていくためには，**教科指導の研修会を企画することは大変効果的**です。

　例えば，実技指導でもよいですし，1時間の授業展開，子どもたちの話し合い活動等，先生方の取り組んでいることで全校の先生方に広げたいと思うものを，研修会を通して広げていきましょう。

 **時期を考え研修会の効果を最大限に発揮**

　このような研修会を効果的に行うためには，適切な時期を選ぶことが重要

です。

音楽や図工なら，学芸会や校内図工展等の行事の準備に取りかかる前に研修会を行うことが効果的です。

例えば，音楽の先生から指揮のやり方を習ったり，楽器の指導の仕方を習ったりすることで，そのクラスの演奏は一段階レベルアップするでしょうし，子どもに指導する先生も以前より楽しくなると思います。

例えば，校舎の絵のかき方を指導してもらった6年担任の先生は，子どもたちが6年間の校舎への思いを，満足感をもってかくことができる指導を展開できるでしょう。

 **年間を通して企画する**

研修会を行う時間帯は，放課後になります。

けれども，放課後の時間は思いのほか忙しいものです。

従って，**年間を見通してスケジュールを立て，先生方が比較的集まりやすい頃合いを見計らって研修会を行う必要があります。**

そうすることによって，研修を受ける方は集中して受けることができ，研修をする方も余裕をもって準備ができます。

例えば，1年間に3回，1学期は6月○日に体ほぐし，2学期は10月○日に図画，3学期は1月○日に音楽といったようにして，4月の早い段階で設定し，周知します。研修をお願いしたい先生の承諾を得たうえで，研究通信で紹介していきます。

**CHECK!**

授業を見せていただき通信で紹介する先生と，研修をしていただく先生とは，分けて計画できるとよいでしょう。また，複数年を考えて構想していくことも，1人に負担をかけないために必要なことです。

# 研修会を30分以内で行う
# ３つの効果

 **校内の先生方による研修会はできるだけ短く**

　校内の先生方に講師になっていただいて行う研修会はできるだけ短い時間にすることが大切です。

　長くても30分以内，できれば20分程度を目指して行います。

　そうすることによる効果は次の３つです。

 **短い研修会の３つの効果**

　効果の１つ目は，先生方の積極的な参加を得やすいということです。

　先生方一人ひとりが仕事を抱えています。時間に余裕のある人はいないでしょう。

　例えば，研修会が次の水曜日の16：10から16：30までの20分であれば，研修会が終わった後の30分くらいは，自分の仕事を行う時間が取れそうだという見込みが立ちます。

　そうすれば，研修会にも前向きな気持ちで参加してみようという気持ちをもつことにつながります。これが１時間以上の研修会となると，自分の仕事をする時間が後にずれ込むので，負担感を与えてしまうことになります。

　研修会を企画する研究主任は，先生方全員にとってこの研修は意味あるものだと思いがちですが，必要感をもたない方も当然います。また，どうしてわざわざ同僚が講師を行うレベルの研修会に出なければならないんだという気持ちの方もいることを頭に置いておきましょう。

　２つ目は，研修会の講師をしてくださる先生が準備をしやすいということ

です。

　研修会の講師をやったことのある先生であればよくわかると思いますが，研修会の準備をするのはかなり負担のかかることです。日常行っていることでも，人の前で整理して話すということになると，なかなか上手にまとめることはできないものです。

　また，話す内容だけではなく，例えば，実技講習を行うのであれば，道具の準備をするのにも手間がかかります。30分の研修の準備ということでも，相当な労力を必要とします。

　従って，講座の時間が短ければ短いほど，講師の負担は減ります。そうすると，次回の研修の講師をお願いしている先生の心理的な負担も減らすことができます。

　3つ目は，**印象に残りやすい**ということです。

　1時間半の講演会では眠くなってしまうことがありますが，20分の研修会ではなかなか眠くなることはありません。時間が短くなれば話題が焦点化するので，理解もしやすいです。

**CHECK!**

　研修会は時間通りに始めて，延長しないようにします。講師を務めて下さる先生には，外部講師の場合の対応と同じように，しっかり紹介し，お礼を述べることが，感謝の気持ちを表すために大切なことです。

# 学力調査の分析をみんなで行う 4つの意味と2つの方法

 **調査の分析・活用をみんなで行う4つの意味**

全国学力・学習状況調査の後，調査結果の報告書と学校のデータが送られてきます。それを受けて，校内で分析を行います。その際，研究主任が1人で行うのではなく，全員で行うことをおすすめします。

それには，4つの意味があります。

1つは，**研究主任の負担軽減**です。複数教科の調査や子どもへの質問に関する大量のデータが送られてきますが，1人で分析するのはかなり大変です。

2つは，**多面的な分析**です。様々な分野を分担して分析することで，子どもの力を客観的につかむことができます。

3つは，**調査問題の共有**です。小6と中3は学校の代表として調査を受けているだけです。従って，どんな問題が出ているのか学校全体で共有する必要があります。

4つは，**授業づくりのヒントの共有**です。調査には，授業場面を想定した問題が多く出されています。これは，問題を解きにくくするためではなく，このような授業づくり，単元づくりを目指したいということです。

 **方法1—多面的な分析の場合**

分析の方法には，大きく2通りあります。

1つは，多面的な分析をしていく場合です。教科，質問紙といったグループをつくり，グループで結果の分析をしていき，今後の指導の方向を考えます。グループでの検討が終わったら，発表し合います。

**方法2一単元・授業づくりを考えていく場合**

　大問の中から，模擬授業の材料として適しているものを選びます。そして，研究主任が授業者となり，問題を材料としながら模擬授業を行います。問題と目指したい授業づくりへの理解が深まります。

---

令和2年度　全国学力・学習状況調査　分析用紙　（　　　）グループ

・成果、課題それぞれの枠に付箋を貼ってください。

| 成果 | 課題 |
|---|---|
| | |

▼

課題を解決するために

---

**CHECK!**

　上にあげた2つのスタイルの両方を一度の機会で行うのは時間的に大変困難です。今年はグループでの分析，翌年は模擬授業，というように変化をつけるようにしていきましょう。

# 外部講師を招く 研修会のつくり方

 **外部講師に学ぶよさ**

例えば，絵画の指導力を高めたいと思ったけれど，校内に堪能な方がいない，といったようなときに，外部講師の先生を招いて研修会を行うことは大変効果的です。このように，専門的なことを学びたいのだけれど，自校の先生方の中で講師を務めてくれる方がいない場合，外部講師の先生を依頼することがあります。

また，外部講師が来て研修を行うことそのものにも意味があります。普段感じることのない空気を味わうことができるからです。研修の内容もさることながら，**外部講師の語り口調や話の進め方など，学校にとって新鮮な風を感じられることは，それだけで大きな刺激となります。**

 **外部講師にはどんな方が**

教育事務所や教育センターといった教育委員会関係の組織から講師を派遣してもらうことが一般的です。

また，退職した先生の中にも，図画，合唱指導などに秀でたものをもっている方がいらっしゃいます。

この他に，自分が研修に行った先で指導を受けた先生をお呼びする方法もあります。

自校の課題に沿って，各方面にアンテナを張っておくことが重要です。

##  派遣申請は計画的に

外部講師を招く研修も，校内の先生に講師になってもらう研修と同様，1年間を見通した計画を立てます。

先生方の日常には決して余裕があるわけではありません。

研究主任が「この話はぜひ全員に聞いてほしい！」と願って呼んだ講師による研修会も，先生方が多忙な時期であれば，効果を上げることは難しいでしょう。

そこで，**できれば前年度のうちに，どんな教科等で研修を行いたいかをアンケートを通して把握したうえで計画を立てていくことをおすすめします。**

外部講師を招いて話をしてもらう場合，1時間や1時間半などのある程度のまとまった時間を必要とします。従って，夏休みに先生方がそろう日などに計画を入れて，落ち着いて研修を受けられるようにすることも，研修の効果を上げるために大切なことです。

夏休みの研修会で学ぶ和歌山県橋本市立学文路小学校の先生方

**CHECK!**

どのような外部講師に来ていただくかについては，研究主任の願いを土台に置き，校長先生の意向を聞いたうえで，一番は校内の先生方の要望を反映することが，最大の効果を上げることにつながります。

# 少人数校で効果的な 3人グループの「学び合い」部会

 **他教科の授業を見て，学び合う**

　小学校の研究部会は教科別になっていることが多いですが，中学校でも教科会の人数が多ければ，教科別の部会にすることは可能です。

　けれども，学校に配置されている先生の人数が少ない教科は1人での研究になる場合があります。

　1人だと時間の融通はききますが，**研究の深まりという点で難しさがあります。**

　そこで取り入れてみたいのが，3人グループで学び合う部会です。

　中学校を例に，基本的なメンバーの組み方を説明します。

①5教科と技能教科，それぞれの先生を入れる（さらに，5教科を文系，理系で分け，それぞれから1人ずつ入れられたら入れる）。

②各学年から1人ずつ入れる。

③若手，中堅，ベテランとなるようにする。

④男性ばかり，女性ばかりにならないようにする。

　この4つの条件に当てはまるように，グループをつくります。ただし，きれいに分けることはなかなか難しいので，**最低でも，①②の条件はクリアできるようにしたいところ**です。

　そして，顔合わせの時間を取って，研究テーマを立案してもらい，だれがいつ授業をするのかを決めてもらいます。また，残り2人の先生が参観できる日を設定してもらいます。

　授業日は，研究主任が一覧にして通信を使って先生方に知らせます。

　また，実施時期が近づいたら，再び先生方に告知し参観の呼びかけをします。授業日が近づいてきたら3人で集まり，教材研究や指導案づくりをします。授業を実施した後は振り返りをして，「示唆されたこと」の欄を埋めてもらいます。

　**教科間の相違点や共通点から多くのことを学べますし，自分が教えているときとは違う表情の子どもに出会えます。**

---

### 研究テーマと実践内容

メンバー(　　　　　　　　　　　　　　　　　　　　　　　　)

テーマ

| 授業を見合う予定日 | 内容 | 示唆されたこと |
|---|---|---|
|  |  |  |
|  |  |  |
|  |  |  |

---

**CHECK!**

　中学校は，専科制だからこそ，他教科の指導法や他教科での子どもの姿に学ぶことが大きな財産となります。この方法だと，全員に年に一度は授業を公開してもらうことができます。

# やる気と授業力を高める
# 柔軟な部会編成

 **部会のつくり方を柔軟にして効果を高める**

　学校によって，先生方の人数は異なります。

　また，自分にとっての課題は人それぞれ異なります。

　学校の状況や先生方一人ひとりの関心を大切にして部会を編成していくことも，学校全体の授業力を高めていくうえで効果的です。

 **大規模校の場合…同一教科で複数の部会**

　小学校で１学年４学級や５学級といった大規模校では，先生方の人数も多くなります。

　その際，研究部会を立てていくときに，教科数を多くするという発想があります。けれども，この方式をとって各部会ごとの全校研究授業を行うと，結構な回数の自習時間が出てしまうので，あまりおすすめできません。

　むしろ，教科の数は２，３つに絞り，各教科の部会に各学年の先生方が入るようにします。

　そして，部会の中を分けます。分け方には２通りあります。

　１つは**縦割りにする方法**です。各学年の先生を入れた部会を複数つくり，それぞれ授業をつくります。この方式だと，お互いに意識し合うので成果も上がりやすくなります。もう１つは，**低・中・高学年に分ける方法**です。この方式のねらいは当該教科の授業づくりを発達段階ごとに研究することです。

　**部会の中の小部会の人数は，多ければ多いほど効率が落ちるので，５，６名がベスト**です。

## 少人数校の場合…ペアで研究

　どんなに人数が少ない学校でも，複数人で部会を編成することが，視野を広げ，授業力を高めていくためには必須です。単級であったり，複式であったりする学校では，ペア研究にすることをおすすめします。この方式のよさは，フットワークの軽さと気軽さです。機会をつくり，**お互いの授業を１時間すべてでなくてもよいので頻繁に見合い，感じたことを交流することで，着実に力がついていきます。**

## １つのことにこだわる部会

　例えば，導入での学習課題の把握のさせ方，例えば，構造的な板書の仕方など，先生方一人ひとりがもつ課題やこだわりがあります。

　そこで，先生方のこだわりに応じた部会を編成し，主体性の発揮と，高い研究成果をねらいます。

　ただし，一人ひとりの課題は多岐に渡るので，学習課題の設定，板書，ノート指導，話し合い活動，振り返りなど，いくつかの候補をあげて，どの部会を希望するかアンケートを取り，グループ編成をしていきます。

　この方式で研究をすると，よいことが２つあります。

　１つは，**研究の焦点化**です。板書の仕方など，もともとの間口が狭いので研究内容も必然的に焦点が絞られます。

　もう１つは，**研究の汎用性**です。同一教科の枠組みではないので，教科を超えて生かせるものが見つけられます。

---

**CHECK!**

　どの方法をとるにせよ，必ずやるべきことがあります。それは，先生方への希望調査です。やりたいと思った研究をすることで，先生方の主体性はぐんと高まります。

Part 2

第2部
全校の研究主任になったら

# 第4章　学びの価値をもう一段高めるために

Chapter 4

# 学びのチャンネルを
# 多様に

 **研究主任がだれよりも学ぶ**

　研究主任になると，県や市町村教育委員会主催の研修会に参加する機会も
あると思います。そういったところに参加し，学んだことを校内の先生方に
広げることは，自他の力を高めるために大いに効果的です。

　同時に，官製の研修会や校内での先生方の授業以外でも学んでいくことが，
一層自分を高め，学校の先生方の授業力を高め，子どもたちに学力をつけて
いくために大切なことです。

　自ら求めて学ぶことが一番自分の身についていきますし，だれよりも学び
続ける研究主任であるからこそ，先生方からの信頼を得ることもできます。

 **書籍から学ぶ**

　学ぶ方法として，最もポピュラーなのが，書籍から学ぶ方法です。

　書籍にも2通りあります。

　1つは単行本，もう1つは雑誌です。

　単行本からは，自分が関心のあるテーマについて深く，また，幅広く学ぶ
ことができます。雑誌からは，その時々で話題になっていることについて学
ぶことができ，視野を広げることができます。それから，雑誌にはもう1つ
よい点があります。それは，**サボる気持ちを防ぐ効果がある**ということです。
研究主任以外の仕事が忙しいときや，プライベートが大変なときは，学ぶこ
とはなかなか難しいものです。けれども，「これはいい」と思った雑誌を定
期購読することにより，必ず自分が興味をもっていることの情報を手に入れ

られます。忙しいときは目次や見出しを見るだけでも勉強になります。

 **インターネットから学ぶ**

　今度行う研究授業の単元について，ネット検索をすると指導案をいくつも見ることができます。また，参考にしたい書籍も簡単に見つけることができます。さらに，コアな論文は Google Scholar（グーグル・スカラー）等を使って検索すると，手軽に読むことができます。

 **出かけて学ぶ**

　出かけて学ぶ方法は，大きく２つあります。

　１つは，**研究会に参加すること**です。例えば，大規模な団体の全国大会のようなメジャーな研究会に行くと，全国の先生方と出会え，全国的な流れを肌で感じることができます。

　もう１つは，**サークルに入ること**です。サークルにはその教科等に関心が高い先生が集まっているので，それだけでも大きな刺激になります。また，サークルで学んでいる教科等の指導力に長けた先生もいらっしゃるので，大変勉強になります。

 **柔軟に学ぶ**

　最も大切なポイントがこれです。<u>多様な考えに接することが自分を豊かにしてくれます。</u>１つの考え方を追究することも大切ですが，同時に幅広い視野を持ち続けていきたいものです。

> **CHECK!**
>
> 　年に一度は県外まで出かけて学ぶ機会をつくれるとよいでしょう。指導案の書き方１つとっても，地域が違えばまったく異なっていたりします。他を知ることで，どんどん幅を広げることができます。

# 学校外の学びの場に 誘う役割を

 **研究主任は「育てる」立場**

サークルで勉強したり，研究会に参加したりすることで，自らの学びは高まり，そして幅広くなっていきます。

学んだことを研究通信に載せていくことで，校内の先生方の学びにもつながっていきます。

これだけでも十分なのですが，外に学びに行ったときに，

「ここで学んでいること，うちの学校で学級経営に悩んでいる○○先生にとってきっと役に立つだろうなぁ」とか，「この学校の理科の公開授業，勉強熱心な△△先生に見せたら勉強になるだろうな」という思いになることがあります。

そう感じたら，思いきってその先生を誘ってみることをおすすめします。

研究主任は，自校の授業力を高めるとともに，先生を育てていくことも仕事です。自分が学んできたことを通信等で紹介することも効果的ではありますが，やはり学んでいる場に連れて行き，実際の場で学んでもらうことが一番の勉強になります。

 **サークルに連れて行く**

地元のサークルに連れて行くというのが，一番敷居の低い方法です。

サークルに連れて行くことの主なメリットは，次の2つです。

1つは，**サークルが取り組んでいる活動から得られる学び**です。国語や数学などの教科に関するものもあるでしょうし，生徒指導に関するものもある

でしょう。これまでもやもやとしていたことが，サークルに集まる先生方の言葉を聞くにつれ，さぁっと晴れていく感覚を味わうと，積極的な参加につながっていきます。

　もう１つは，**サークルの先生方とのつながり**です。例えば，学校にはいない同年代の先生がサークルにいる場合，年代が近いからこそわかり合えることがあり，助け合える関係をつくっていくことができます。また，校内にはいない，自分と同じような問題意識をもっている先生とつながっていくことも，自分の学びを高めていくために効果的です。

##  研究会に連れて行く

　地域外で行われる研究会に連れて行くことも効果的です。

　**地域外に行って学ぶことの一番の効果は，何といっても「刺激」を得られること**でしょう。

　これまで行ったことのない会場に行くことそのものが刺激的なことですし，何百人あるいは何千人もの先生が１つの会場に集う姿に圧倒されるでしょう。公開授業があり，そこで交わされる白熱した議論を聞いたり，若手の先生が堂々と自分の意見をベテランの先生に向けて述べていたりする姿を見ることも大きな刺激になります。

　日本全国にはがんばっている先生が実に大勢いるということを目の当たりにすることによって，「もっとがんばりたい」という気持ちをもつことにつながります。

**CHECK!**

　先生方をサークルや研究会に連れて行こうと思って誘っても，断られる場合の方が多いでしょう。自分がよいと思っても，相手がよいと思うとは限りません。無理強いは禁物です。

# 研究主任自身が授業を見せる
# ２つの意味

 **研究主任が失いたくない謙虚さと積極性**

校内の授業改善を進めていくうえで欠かせないのは，実際の授業につながる考え方です。

「自分の学校の授業をこうしたい」という理想があっても，絵にかいた餅になってしまっては意味がありません。

また，**「研究主任はいろいろと授業づくりについて語るけど，自分の授業は絶対見せようとしない」と思われたら，信用を失います。**

自校の現実に根差した授業改善の推進，先生方と歩みをともにする授業改善の推進のためには，研究主任自身が授業を公開することに積極的になることが必要です。

 **校内で授業を見せる**

校内の先生方に授業を見せることには，２つの意味があります。

１つは，**「自分はこんな姿を目指しています」ということを先生方に知っていただくこと**です。

授業構想や発問・指示の仕方などは，口で説明するよりも，実際の授業を見せる方がずっとわかりやすいものです。

授業を見せることによって，研究主任の目指す姿についての理解は確実に深まります。

もう１つは，**「自分はこの程度しかできません」という姿を先生方に知っていただくこと**です。

「がんばっている研究主任でも，自分と変わらないな」という意識を先生方にもってもらうことで，研究主任の存在が身近なものとなり，共にがんばっていこうという気持ちにつながります。

 ## 校外で授業をする

機会があれば校外で授業を行うこともおすすめです。

自分が所属するサークルや研究会で授業を行うことは，自分自身の学びにつながります。

これまでに自分が積み重ねてきたことが受け入れられることもありますし，厳しい批判を受けることもあります。

批判を受けることにより，一層自分を磨く意欲につながりますし，先生方に対して謙虚になることができます。

**CHECK!**

　全校の先生方に授業を見てもらうタイミングは，１学期の早い段階がよいでしょう。全校研究テーマの具現を意識した授業を行い，研究会で意見を出し合うことで，テーマへの共通理解が深まります。

# おわりに

　私がはじめて研究授業をする部会の主任をしたとき，研究授業が終わった後，授業者を務めてくださった先生にこう言われました。

　「先生，私はこの部会でよかったです」

　私自身が授業者をする機会が多かったときには，部会はおしゃべりの場，あるいは，よくて授業者の取組の報告でした。そして，指導案をつくっていくと，部会主任がそれに合わせて研究計画の部分を書いていきました。

　これでは，研究とは到底言えません。ですから，自分が部会主任になったときには，本書に著したように，見通しを立て，みんなで実践を重ねていくことを目指しました。

　また，私がはじめて全校の研究主任をしたとき，校長，教頭，教務主任，学年主任，そして研究主任をメンバーとする会議を立ち上げました。毎月定例会を行い，学力向上への取組を話し合い，学年主任から学年に伝えてもらうようにしました。けれども，取組は徹底しませんでした。それは，研究主任自身の姿がそこに見えなかったからだと思います。当時は，部会の研究に積極的に参加しておらず，研究通信も出していませんでした。研究主任自身が，部会に顔を出し，自分の言葉で語ることの必要性を痛感しました。

　部会主任，研究主任ともに，運営面，研究面の両面で気と頭を使うキツい仕事です。けれども，がんばればがんばるほど，全校の先生方，そして子どもたちの笑顔につながるやりがいのある仕事です。先生方に対しても，研究に対しても，誠実に向き合えば，きっと成果は得られます。

　最後になりましたが，本書を上梓するにあたり，明治図書出版の矢口郁雄様には大変お世話になりました。心よりお礼を申し上げます。

2020年2月

小林　康宏

【著者紹介】
小林　康宏（こばやし　やすひろ）
長野県生まれ。横浜国立大学大学院修了後，長野県内の公立小中学校に勤務し，現在，和歌山信愛大学教授。
日本国語教育学会会員。全国大学国語教育学会会員。夢の国語授業研究会幹事。東京書籍小学校国語教科書「新しい国語」編集委員。
単著に『研究授業パーフェクトガイドブック　見方・つくり方のすべてがわかる』『「言葉による見方・考え方」を育てる！子どもに確かな力がつく授業づくり7の原則×発問＆指示』『基幹学力をつくる音声言語活動』（以上，明治図書），『小学校国語「見方・考え方」が働く授業デザイン』（東洋館出版社）

大事なことがまるっとわかる

研究主任1年目の教科書

| 2020年3月初版第1刷刊 | ©著　者 | 小　　林　　康　　宏 |
| 2020年5月初版第2刷刊 | 発行者 | 藤　　原　　光　　政 |
| | 発行所 | 明治図書出版株式会社 |

http://www.meijitosho.co.jp
（企画）矢口郁雄（校正）宮森由紀子
〒114-0023　東京都北区滝野川7-46-1
振替00160-5-151318　電話03(5907)6701
ご注文窓口　電話03(5907)6668

＊検印省略　　　　　組版所 広 研 印 刷 株 式 会 社

Printed in Japan　　　　　ISBN978-4-18-066124-4
もれなくクーポンがもらえる！読者アンケートはこちらから